Paolo Truffelli

Belli da morire

MNAMON

"And maybe I'm crazy
But I just can't slow down"

(The Rasmus *"first day of my life"*)

"Let the sky fall, when it crumbles
We will stand tall
Face it all together"

(Adele *"skyfall"*)

And nothing else matters

(Metallica, *"and nothing else matters"*)

1994–1995

Capitolo 1

Non c'era un minuto da perdere, se voleva fare in tempo a compiere tutto secondo il programma che aveva accuratamente organizzato nella sua mente.

Erano occorsi giorni e giorni di lunghe e noiose attese, di faticosi appostamenti, di estenuanti pedinamenti per le vie del centro, intricate come la tela di un ragno schizoide, e poi lungo le strade sempre più sciatte e trasandate della periferia. Fino allo squallido prato asfittico e malaticcio in fondo al quale sorgeva il condominio popolare dove abitava la ragazza.

Tutto era stato annotato con cura maniacale ed ossessiva: abitudini, orari, percorsi, punti favorevoli lungo il tragitto ed aree assolutamente proibitive.

In quei lunghi e meticolosi ventotto giorni di osservazioni e raccolta di dati aveva imparato a conoscere a fondo la sua compagna di giochi, insinuandosi silenzioso ed invisibile nella sua esistenza, della quale aveva esaminato ed appreso con cura pieghe e risvolti, fin anche i più intimi e personali.

Ecco perché era perfettamente al corrente di tante, tante informazioni. Tutte interessanti ed alcune decisamente utili, per non dire indispensabili.

Una ragazza giovane, nel fiore dei diciannove anni, coscienziosamente dedita alla sua formazione accademica. Frequentava la facoltà di Filosofia presso la sede storica di via Festa Del Perdono.

Dal sorriso che le attraversava il viso ogni volta che percorreva a passo svelto ed impaziente il minuscolo spazio verde di Largo Richini, aveva compreso che le piaceva quello che studiava. Intuizione di cui aveva avuto conferma più di una volta quando, mimetizzato fra la folla anonima degli altri studenti (ve ne erano, per fortuna, di tutte le età, compresa la sua che certo non si poteva definire giovanile, per quanto neppure avanzata) aveva potuto osservarla a lungo, intenta, con appassionata concentrazione, a prendere appunti, piuttosto che a porre domande sempre pertinenti ed argute, intellettualmente compiaciuta dell'interesse suscitato nel corpo docenti, fosse questo rappresentato da una arcigna professoressa di filosofia antica, piuttosto che da un ordinario un po' naïf di filosofia morale, o da un teatrale cattedratico di logica, tronfio di esibire il suo miscuglio di genio sistematico e visionaria sregolatezza.

Ma l'università non esauriva il suo mondo, entro il quale trovavano spazio anche tutti gli elementi che ci si sarebbe potuto attendere da una giovane bella e dotata di una vita sociale al passo con i tempi.. E, quest'ultima, apparteneva senz'altro alle informazioni utili, perché proprio da lì aveva preso avvio il grandioso progetto di la cui la avrebbe resa protagonista. La prima, e quindi la più preziosa, in un certo senso. Dal punto di vista delle amicizie non c'era nulla di particolare da segnalare: un gruppetto di coetanei, con qualche oscillazione verso la maggiore o minore età, assemblato accorpando compagni storici del liceo, colleghi di ateneo da poco conosciuti e qualche amica del cuore. Sottoinsiemi differenti, frequentati separatamente. Dove, si faceva presto a dirlo: a casa propria o altrui gli intimi, in pub, locali e, meno di frequente, discoteche e affini, tutti gli altri.

Di vita sentimentale propriamente detta pareva proprio non esserne traccia: qualche pomiciata e rade toccatine biunivoche (passando da sotto pantaloni, gonne e camicie) con uno dei giovani appartenente alla categoria dei colleghi accademici che, di fatto, non avevano dato esito ad alcuna evoluzione degna di nota. Materiale classificabile come mera prurigine sessuale, contegnosamente tenuta a freno entro i limiti di un petting praticabile all'aria aperta in orario notturno.

Meglio così: questo la rendeva ancora più pura ed incontaminata.

Una bellezza da far fiorire in tutta la sua perfezione estetica.

E qui veniva in soccorso una sana abitudine della ragazza, che gradiva molto modellare e tonificare il suo corpo ricorrendo ad una frequentazione assidua, ben quattordici volte in ventotto giorni, di un centro sportivo ubicato non lontano da casa sua. Una bella palestra attrezzata con macchinari di tutti i generi e con ogni varietà immaginabile di corsi, dall'aerobica, allo step e via a seguire.

Un self service di forma e perfezionamento di curve a cui la giovane attingeva a piene mani, a gloria del suo fisico, dotato già in natura di proporzioni armoniose e di una altezza slanciata e leggera.

Un perfetto supporto al suo volto incantevole, dalla regolarità gentile e leggermente languida, ma non priva di una luce di determinazione ormai prossima a sbocciare, nonostante l'ancor giovane età.

Proprio in palestra aveva, infine, avuto l'opportunità di conoscerla. Di oltrepassare la soglia degli sguardi fuggenti scambiati durante le ore di lezione accademica e, di fatto, mai sfociati in una formula di presentazione, tanta era la difficoltà di far breccia nel gruppo compatto di adolescenti cresciuti da cui era circondata. Aveva tentato, più di una volta, di avvicinarsi a quell'insieme vociante e dai modi intellettualmente strafottenti, ma, in ultimo, la sua timidezza lo aveva trattenuto, preservando la sua goffaggine relazionale. Difetto da cui veniva affetto solo in situazioni corali, per così dire, dal momento che, quando aveva l'opportunità di instaurare un dialogo a quattr'occhi con il suo interlocutore, la musica cambiava decisamente, modulandosi perfettamente sulle sue doti dialettiche e sulla sua cultura: pregi entrambi notevoli ed assai efficaci nel suscitare un interesse non privo di fascino.

Tutto ciò spiegava esaurientemente come mai, nonostante gli oltre venti anni di differenza, il suo sorriso fosse stato ricambiato e la stretta di mano corrisposta nel giorno in cui, cogliendo l'opportunità fornita da un momento di pausa fra una serie e l'altra di esercizi per i glutei, le si era avvicinato esordendo:

– ciao, mi sembra di conoscerti. Frequenti anche tu il corso della professoressa Gentani?

Ci aveva saputo fare, senza ombra di dubbio. Diversamente non si sarebbe potuto comprendere per quale motivo, dopo pochi giorni, e precisamente nella giornata in corso, fosse riuscito a conquistare il primo appuntamento con l'incantevole ragazza.

Ma tutti quegli sforzi e quei successi rischiavano di venire irrimediabilmente rovinati dalla sua stupidità e dalla sua imperdonabile superficialità: era in ritardo e non di poca entità. Non poteva certo ritenersi colpevole dell'incidente che aveva causato un abnorme rallentamento nella circolazione del traffico in cui si trovava in quel momento intrappolato, tuttavia, la non adeguata capacità di previsione degli imprevisti insozzava indelebilmente l'alta reputazione che aveva fino a quel momento nutrito verso le sue capacità di programmazione e pianificazione, portandolo molto vicino a sentirsi un imbecille.

Con la sostanziale aggravante che quella sarebbe stata per lui la prima volta: un evento da non incrinare per nessun motivo al mondo.

Un fiume di emozioni cristalline ed intense, una gioia trepidante sull'orlo dell'estinzione precoce, un parto che avrebbe potuto nascere morto.

Non c'era davvero un minuto da perdere: quella bellezza meritava la più assoluta dedizione.

– Certo che deve essere proprio faticoso per te, ben più che per gli altri. Per tutti questi maniaci del muscolo e della forma fisica che frequentano la palestra.

– Non fai forse parte anche tu di questa nutrita schiera? – le rispose ammiccando, mentre la sua barba, corta e perfettamente curata, si increspava in un sorriso ironico e compiacente, creando un irresistibile gioco di riflessi bruni spruzzati di bianco contro il sole dei primi di giugno. Imperioso padrone indiscusso della luce, granitico ed inscalfibile come la mascolinità che emanava da quell'uomo, alto e muscoloso nella sua imperfetta integrità fisica.

Gli corrispose uno sguardo diretto verso il basso ed un rossore studiato sulla pelle perfettamente liscia del volto, fresco e profumato di giovinezza. Le piaceva da morire come riusciva a condurre il loro modo di interagire, mantenendo costantemente sospeso il merito dell'iniziativa, come in un ballo eseguito da due interpreti raffinati ed affiatati. Cosa assai insolita, se si considerava che si conoscevano da una manciata di giorni. Si lasciava volentieri andare allo spessore del suo fascino, così diverso dall'irruenza poco più che istintiva che dominava il comportamento dei suoi coetanei.

– In effetti… – concordò lasciando la frase in sospeso, mentre con la punta del piede disegnava un piccolo semicerchio sulla terra polverosa di un piccolo sentiero striminzito. Uno dei tanti che innervava il parco in cui si erano dati appuntamento per una sessione intensa di jogging.

– E poi –proseguì lui fingendo platealmente una bonaria irritazione – non mi manca "tutto" rispetto agli altri. Solo una parte, tutto sommato secondaria se ci rifletti bene. Pensa se fossi stato paralizzato: allora sì che non ci sarebbe potuta essere competizione fra me e gli altri fusti con ambizioni da macho che hai appena citato. E, in fondo, sai quale è la vera differenza fra me e loro? – le domandò scostandole con un gesto naturale una ciocca di capelli, lisci, neri e fini, che un refolo di vento aveva fatto posare sul suo naso, come un taglio che, dalla fronte, si estendeva verso il mento.

– No, non lo so. Ma mi piacerebbe che me lo dicessi.

– Io non voglio andare oltre, – le spiegò guardandola negli occhi, con uno sguardo che si era fatto improvvisamente fisso ed inaspettatamente profondo, carico di un'energia intensa, subito sopita da un sorriso lieve ed un po' distratto – non cerco di far esplodere il mio corpo in una massa sgraziata di muscoli sovra dimensionati ed ingombranti. Io – sottolineò posandole sulla spalla una mano che si era rivelata più pesante di quanto si sarebbe aspettata – non perdo mai di vista l'armonia quando lavoro sul mio corpo. Tengo tutto insieme, guidato…

– Credo di aver capito – lo interruppe ansiosa di far sfoggio delle sue doti di perspicacia. Arma indispensabile da utilizzare con un uomo maturo – non superi mai il limite e la proporzione che hai stabilito.

– Proprio così. – confermò entusiasta di quella comprensione così rapida e precisa.

Non vi era dubbio che si intendevano a meraviglia e che, dunque, si sarebbe rivelata una partner perfetta. Non avrebbe potuto essere più soddisfatto e certo della sua scelta.

Era ora di mettersi a correre o avrebbero finito con non rispettare il programma di quella lunga giornata di fine primavera.

Il caldo saliva con ferocia dall'asfalto stinto, intrecciato in un reticolo che attraversava gli ampi prati come una complessa e geometrica ferita. Linee ortogonali e regolarmente distanziate, sulle quali veleggiavano a passo spedito e cadenzato, le suole delle scarpe da corsa trattenute dal bitume rovente ed appiccicoso. La ragazza lo seguiva, mantenendo una distanza cortissima, lungo quello che, contrariamente a quanto le poteva essere apparso in un primo momento, si stava rilevando un percorso non casuale, ma anzi ben studiato e calibrato nel suo alternarsi di rettilinei e svolte, tratti brevi e lunghi.

Ormai erano prossimi a terminare il quinto giro ed il disegno appariva chiaro alla sua mente, ancora perfettamente lucida nonostante lo sforzo generato dalla distanza percorsa, dalla velocità mantenuta e dal caldo.

Il primo blocco, se così lo si poteva definire, era formato da una specie di "S" squadrata: un lungo tratto verticale a cui ne seguiva uno, breve, orizzontale, una nuova svolta verticale, in direzione opposta, completata da un secondo tratto orizzontale di lunghezza uguale a quello precedente e, infine, uno rettilineo verticale nella stessa direzione di quello iniziale.

In totale, cinque segmenti.

Il secondo blocco era invece costituito da sei sequenze di tre segmenti, inscritte dentro il percorso principale e formanti ogni volta una "U" a spigoli vivi, aperta tre volte verso l'alto, due verso destra ed una verso sinistra.

L'ultimo blocco consisteva invece in una "L" formata da un tratto breve a cui ne seguiva uno più lungo (circa il doppio, aveva stimato).

Dopodiché il percorso ricominciava, partendo dal lato opposto.

Così erano andati avanti per quasi un'ora, correndo concentrati ed in silenzio, fino a quando l'uomo, con il respiro solo lievemente corto e per nulla affannato, aveva stabilito che l'allenamento poteva avere termine.

– Con questo caldo, non sarebbe opportuno sforzarci oltre. Altrimenti rischiamo un malore, dato il passo sostenuto che abbiamo mantenuto fino a questo momento.

– Per me va benissimo fermarmi – confermò appoggiandosi lievemente alla sua spalla. In realtà non ne aveva alcun bisogno, ma fingere un momento di affaticamento le aveva consentito di creare una nuova e fuggevole occasione di contatto con il suo corpo, maturo, muscoloso e... rassicurantemente solido. Nonché decisamente attraente come il suo proprietario – ti va se beviamo qualcosa di fresco? – È proprio quello a cui stavo pensando – rispose l'uomo – ma l'ultima volta che ho preso una bibita da quel baracchino – proseguì indicando con il braccio a destra, l'unico di cui disponeva dal momento che del sinistro era completamente privo, un chiosco di lamiera circondato da qualche sporco tavolino di plastica – sono stato male per un giorno intero. Ecco perché – annunciò parodiando un tono di trionfo – mi sono premunito con una bella borsa termica piena di bottigliette d'acqua e di integratori. Ghiacciati ed invitanti. Non abbiamo che da raggiungere il mio furgone – suggerì spostando il braccio dalla direzione del chiosco verso una

macchia di alberi ombrosa e dall'aspetto fresco, se parago-
nato alla vampa che arroventava in ogni dove.

– Non saranno diventate bollenti le tue squisite bibite con
tutto questo caldo?

– Direi proprio di no. Vedi che bella ombra fitta e scura
avvolge il mio automezzo?

Non si poteva negare che avesse ragione, come ebbe
modo di appurare quando, aperto il portello posteriore
del furgone, si trovò immersa in una penombra piacevolmente tiepida, in fondo alla quale, appoggiata alla parete che divideva il vano di carico dalla postazione di guida,
era visibile un parallelepipedo di plastica color azzurro,
meravigliosamente assomigliante ad un frigobar portatile.
– Ti dispiace se mi servo? – domandò all'uomo, provando
improvvisamente, in gola e nel palato, una arsura irresistibile
che non poteva attendere oltre per essere estinta.

– Prego, accomodati pure – le rispose questi indicando
verso l'interno. Io prendo una cosa dal cruscotto e sono
subito da te.

Detto questo si dileguò, lasciando la ragazza libera di entrare nel vano e scoperchiare la scatola piena di liquide meraviglie.

Senza neppure porsi la questione della scelta e dell'alternativa, afferrò la prima bottiglia che la sua mano aveva trovato
e ne tranguiò una buona parte in un unico, avido, sorso.

Si trattava di acqua. Fredda, anzi quasi gelida: una vera
estasi per gli assetati.

Non fosse stato per il sapore: amaro e sgradevole.

Non se ne era accorta subito, dal momento che, inizialmente, la temperatura particolarmente bassa del liquido aveva avuto la meglio sul suo senso del gusto, diffondendo una
frescura irresistibile in tutta la cavità orale. Ma, dopo aver

tracannato quasi metà della bottiglietta, le sue papille gustative si erano finalmente destate dal loro stato di anestetizzata incoscienza, seguendo un percorso esattamente inverso a tutto il resto del corpo, che era divenuto improvvisamente torpido e pesante. Per non parlare della testa, che aveva preso a turbinare in una spirale sempre più sfocata e buia, fino a chiudersi in un sopore artificiale e greve, dove l'ultima immagine rimasta, prima che calasse il nero assoluto, era proprio quella della bottiglietta, che ora giaceva rovesciata sul pianale del furgone.

Sul momento non ci aveva fatto caso, ma, mentre stava perdendo i sensi, si era ricordata di un particolare al quale avrebbe dovuto prestare attenzione, se solo avesse nutrito un po' meno fiducia in quell'uomo.

Non era sigillata.

Capitolo 2

– Sei praticamente perfetta, lasciatelo dire, ora che, final-mente, posso osservarti ed ammirarti in tutto il tuo intatto splendore. L'unica cosa – aggiunse con un sorriso di bo-nario rimprovero ed un tono sinceramente scherzoso – è che sei stata un po' troppo rapida a riprenderti dall'effetto del narcotico. E dire che ce ne avevo messo un bel po', in ognuna delle bottigliette. Evidentemente avevo stimato in misura errata il tuo peso. Me la sono vista brutta sai: ho sen-tito che ti stavi per risvegliare quando ero ancora ad almeno un chilometro da casa mia. Per fortuna mi ero attrezzato con queste – disse indicando due ricetrasmittenti "baby call" di una nota marca per l'infanzia – che mi hanno prontamen-te avvisato del tuo imminente mutamento di stato, cosicché mi è stato sufficiente fermarmi, fare un salto nel vano dove giacevi ancora distesa ma già un po' inquieta, è sommini-strati un'altra, piccola, dose per spedirti nuovamente a nan-na e darmi il tempo di completare ogni cosa secondo i piani.

La osservò, immaginando che, avendo riacquistato le fa-coltà mentali e sensoriali, si sarebbe messa ad urlare a tut-to spiano. Reazione che aveva già accuratamente preven-tivato e per la quale si era efficientemente attrezzato, in-sonorizzando completamente le pareti del suo laboratorio. Inaspettatamente, invece, non ottenne altro che un lungo e muto sguardo di terrore, combinato con l'odore penetrante di adrenalina, che il suo sistema endocrino stava secernendo copiosamente.

Era davvero bellissima, distesa supina sull'ampio tavolo di metallo, che aveva avuto la premura di ingentilire ricoprendolo con un lenzuolo impermeabilizzato.

Quattro cinghie di pelle, non troppo larghe e molto robuste, tenevano saldamente vincolati i polsi e le caviglie alla superficie regolare del mobile, impedendole qualsiasi movimento e dando agio all'uomo di contemplare le sue fattezze, senza che alcun indumento, neppure quello più intimo, si frapponesse fra il suo sguardo e quel corpo dalla carne soda e fresca.

Anche immaginandola vestita, come sarebbe stata al momento opportuno, la somiglianza era davvero strabiliante nel turgore e nella dimensione dei seni, nella curva dei fianchi, nello slancio delle braccia e nella affusolata delicatezza delle dita.

Solo sui capelli ci sarebbe stato da lavorare un po', ma con ottime aspettative rispetto al risultato finale. Dove invece la natura aveva compiuto un vero e proprio miracolo mimetico era nei lineamenti del volto, di una fedeltà assoluta e quasi millimetrica, quasi fossero il frutto di una accurata riproduzione del modello, piuttosto che della combinazione di due distinti corredi genetici.

La fronte, piuttosto bassa, presentava una leggera bombatura, essendo delimitata, nell'estremità inferiore, da due sopracciglia dall'inarcatura decisa e sottile ad un tempo, perfetto contraltare agli zigomi morbidi e prominenti, sul quale si innestava una mandibola dai tratti compatti ed arrotondati a racchiudere il mento, leggermente incurvato nella sua carnosa gradevolezza. Bocca e naso risultavano estremamente regolari, di una sensualità impalpabile ma concreta. Gli occhi erano grandi dentro orbite leggermente a mandorla.

Il collo, non esile ma neppure massiccio, sfumava garbatamente nella linea delle spalle, solida e sinuosa.

Con i vestiti giusti sarebbe stata praticamente perfetta.

Un monumento umano al massimo splendore dell'estetica.

– Capisco che tu non abbia voglia di parlarmi. Che ti senta tradita e confusa, oltre che terrorizzata, ovviamente. Fossi nella tua condizione, proverei esattamente la stessa miscela di sentimenti. E non posso negare che da qui non uscirai viva, cosa che giustifica perfettamente il tuo terrore.

Finalmente, scossa, oltre quanto già non fosse, da quelle lapidarie parole, la ragazza prese a parlare – Ho freddo – sospirò tremando in preda ad uno spasmo incessante.

– Non mi stupisce. Il lavoro che mi attende, su di te, richiede una temperatura piuttosto bassa. Non oltre i diciassette gradi centigradi, che sono appunto quelli garantiti dall'efficiente impianto di condizionamento che agisce in questa stanza.

– Non voglio morire – aggiunse dando consapevolezza verbale al destino che la attendeva.

– Comprendo anche questo, e a maggior ragione – le rispose osservando le lacrime che avevano preso a scivolare, dense e faticose, lungo gli zigomi, depositandosi sul telo perfettamente stirato – nessuna potrebbe mai provare un simile desiderio, essendo giovane, bella ed in salute come te. Ma, a volte, anche le cose più sgradevoli possono rivelarsi estremamente necessarie. E, se si esaminano i fatti secondo il giusto punto di vista, la morte può davvero divenire la porta di accesso all'eternità ed al perenne splendore. Un passaggio doloroso ma necessario, per l'appunto, in vista di un bene supremo. E proprio questo sarà ciò che accadrà a te. Niente di spirituale, intendiamoci. Nulla che riguardi l'anima. Bensì, valore massimamente supremo, la perfezione della forma.

Lo sguardo della ragazza assunse un'espressione di impotente disperazione, mentre il pianto, crescendo di intensità, era deflagrato in un ansimare di singhiozzi sordi e soffocati.

Attese con calma che lo sfogo avesse termine, occupando il tempo necessario nella preparazione dell'attrezzatura che gli sarebbe occorsa.

Quando tutto fu pronto, estrasse da un piccolo armadio oblungo, situato a fianco della porta di ingresso della stanza, un abito femminile di una foggia affatto insolita, abbellito da ricami a dir poco singolari. Un capo di abbigliamento che la ragazza non aveva mai visto prima ma che, nonostante tutto, le sembrava avere qualcosa di familiare. Provò a mettere in moto la sua memoria, ma l'avvicinarsi dell'uomo innescò in lei un terrore paralizzante.

– Direi che ci siamo, – asserì soddisfatto, dopo averle poggiato sopra la singolare veste – se mai dovesse esserci qualche imperfezione nelle dimensioni, la riterrei proprio impercettibile. Non trovi?

La domanda non ottenne alcuna risposta, mancanza che l'uomo accettò con una punta di irritazione, subito stemperata da una consapevolezza rassegnata.

Ripose il vestito dopo averlo accuratamente piegato, prestando la massima attenzione a non sgualcirlo. Terminata l'incombenza, estrasse da una cassetto metallico una fiala contenente un liquido trasparente che travasò in una siringa dall'ago lungo e sottile.

– È stato tutt'altro che facile riuscire a procurarsi una sostanza come questa, assai più che con il narcotico.

Bene – proseguì con un sorriso ostentatamente malinconico – pare sia proprio venuto il momento di iniziare. Mi occorreranno millecinquecento ore di lavoro e un anno di tempo prima che tu sia pronta, quindi non posso permettermi di perdere neppure un istante. Sappi, per quanto ti possa sembrare assurdo sentirtelo dire – le confidò mentre affondava l'ago nella vena della coscia destra, premendo al contempo delicatamente lo stantuffo della siringa, l'aria impregnata del sudore e della paura della ragazza – che nessuno potrà amarti più di me, perché nessuno, più di me, ha saputo glorificare il tuo grande e vero valore.

Su queste ultime due parole allitteranti il corpo della ragazza aveva smesso di tremare, divenendo improvvisamente rigido e teso.

Osservandone le pupille immobili negli occhi vitrei, si chiese se avesse fatto in tempo ad udire la sua dichiarazione di amore.

Capitolo 3

7 giugno 1995

Che sublime bellezza quella che si distende, intatta, davanti ai miei occhi!

Più la osservo e più questa giovane, che giovane rimarrà per sempre grazie alla sconfinata clemenza del mio atto di amore, mi appare come l'incarnazione perfetta, compiuta e priva di difetto alcuno, della più alta delle espressioni artistiche.

Un grande debito è quello che ho verso i tanti libri che ho studiato ed amato, imbevendo gioiosamente i miei occhi di quelle immagini magnifiche e sempiterne.

Divine, nel senso più umano del termine.

È proprio vero che non tutto il male vien per nuocere, ed alla verminosa devianza di un uomo vuoto, sotto la corazza spessa e lucente della sua cultura, alla sua infimità devo il fiorire del mio inimitabile talento.

Dalla sua laidezza è sbocciato il mio estro, la mia preziosa capacità di cogliere il bello nella sua potenza e trasformarlo in atto: compiuto e finalmente immobile, dopo un lungo e penoso vagare in incarnazioni imperfette.

Da quel gesto sporco, da quell'intendimento squallido, da quel tradimento del vero paradigma del più alto amore è scaturita la mia tensione al bello: il fine più alto di tutti e più arduo da guadagnare.

Grande è stata la determinazione che mi è occorsa

e che mi occorrerà affinché la bellezza venga glorificata fino in fondo.

Ardua la fatica delle mie mani e dei miei pensieri: a lungo, mantenendo salde perseveranza, costanza e fiducia in me stesso, ho dovuto lavorare su questo corpo, meraviglioso sì ma pur sempre caduco, per donargli la sua vera e compiuta figura e renderlo finalmente non solo degno, ma fin anche migliore del suo modello, rispetto al quale possiede quanto a quello manca per capriccio del destino.

Ma ora lei, la dea senza anima, la creatura senza vita terrena ma con l'immenso bene dell'assoluta bellezza, è pronta per annunciarsi al mondo.

Per riscuoterne la sconfinata ammirazione a gloria sua e del suo inconoscibile artefice.

È giunta infine la notte di questa lunga giornata estiva. Anche la luna è tramontata e le stelle scolorano dietro il velo delle nubi cariche di calore.

L'ora è tarda al punto giusto, e il cielo mi aiuta stendendo un velo di ombra.

Poca cosa se penso alla luce instancabile dei lampioni notturni.

Ma pur sempre un segnale propizio che non posso ignorare.

Il rischio elevato deprime il mio coraggio ma non la mia volontà, né la dedizione alla mia grande opera, di cui è ora giunto il momento di porre il primo tassello. Il primo tocco di scalpello nel buio ottuso della materia informe.

Basta indugiare; che la penna cada dalla mia mano e che questo diario si richiuda su se stesso!

Mi attende la notte, foriera di luce.

La penna cadde con un movimento lento ed inarrestabile dalla sua unica mano, subito dopo impegnata a richiudere il quaderno dalla forma quadrata e dalla copertina rigida sul quale aveva scritto le sue annotazioni.

Annodò il piccolo laccio, composto da due strisce sottili di tessuto, una per ogni lembo della copertina, formando un fiocco regolare e perfettamente simmetrico, che assicurò stringendo con forza le due asole. Una manovra strabiliante, considerato che era stata portata a termine, senza alcun indugio, mediante un solo arto.

Sollevandolo con garbo ed attenzione, quasi stesse maneggiando un oggetto fragile e prezioso, depose il quaderno dentro una custodia di pelle imbottita ed impermeabile, riponendo quest'ultima in un cassetto assicurato da una serratura la cui chiave portava appesa al collo, pendente da una catenina d'oro a maglie sottili di forma circolare.

Controllò, tentando di forzarne lo scorrimento, di aver effettivamente chiuso il cassetto e, infine, si alzò ed aprì la porta che separava il suo laboratorio dall'appartamento vero e proprio, sbucando direttamente in un'ampia cucina.

Da qui, facendo scorrere una larga porta a vetri, ebbe accesso al giardino che circondava la costruzione, una villetta a due piani, lungo tutti i lati, descrivendo una curiosa forma pentagonale, rispetto alla quale l'edificio risultava collocato nel centro geometrico.

Percorrendo metà del perimetro in senso anti orario, raggiunse il retro della struttura, occupato da una rampa che conduceva al box interrato, di cui spalancò il portellone, per prendere posto all'interno del furgoncino. Prima di avviare il motore ricontrollò, una volta ancora, il vano di carico, verificando che ogni cosa fosse in ordine ed apparecchiata alla sua funzione.

Soddisfatto, condusse il mezzo al centro dello spiazzo, lasciandone aperto il portellone.

Dopo aver richiuso il box, tornò in cucina e, di lì, nel laboratorio, dove la ragazza (anche se ormai non sarebbe stato corretto denominarla con quel termine) giaceva supina su un carrello da sala operatoria.

Le piccole ruote, perfettamente oliate, non emisero alcun cigolio percorrendo il tragitto fino al furgoncino, nella cui bocca spalancata venne deposta la giovane.

Il giaciglio era stato approntato con la massima cura: uno strato di materiale da imballaggio, simile ad un covone di paglia, sparpagliato a formare un ampio materasso, disposto con regolarità su tutta la superficie del pianale, sul quale una serie di spessori di gomma piuma erano stati utilizzati per immobilizzare il corpo ai lati, alla testa ed ai piedi, riducendo così al minimo eventuali dannose vibrazioni.

Un secondo strato di materiale venne deposto a coprire la salma, sigillando il tutto con un telo di stoffa nera.

Tutto era pronto per attraversare la notte, attendendo che il giorno portasse la sua luce splendente.

La città sonnecchiava nell'ora tarda, cullata dal rado brusio degli ultimi motori e dal vociare intermittente dei suoi frequentatori notturni: piccole comitive di ragazzi chiassosi di alcol e spinelli, donne di mestiere intente a contrattare le loro tariffe, piuttosto che a maledire nella lingua natia qualche burlone inopportuno, capannelli famelici ed assetati di avventori lungo i banconi o presso i tavolini di plastica dei chioschi spiranti effluvi di salsiccia, fra cartelloni a sandwich che promettevano anguria fresca e dissetante. Si procedeva senza intoppi sotto i lampioni dalla luce morbida, ancora circonfusa dal caldo della sera, prima di stingere nei colori tremolanti dell'alba.

Le strade, distratte e quasi sgombre, venivano tagliate dal doppio filo nero dei binari del tram, che, proprio a fianco dell'Arco della Pace, compivano una curva di novanta gradi, puntando verso la lunga e diritta prospettiva di corso Sempione.

Spostandosi nel controviale opposto con una manovra lenta e meticolosa, il furgoncino risalì il tratto di strada appena percorso ed imboccò via Bertani, dove si arrestò per alcuni attimi, quanti furono sufficienti a verificare che non vi fosse anima viva in vista, a recidere con un imponente paio di tronchesi da ferro il lucchetto che sigillava il cancello di accesso al Parco Sempione ed entrarvi a passo d'uomo, con il motore al minimo. Accompagnato dal rumore grumoso dei pneumatici sui viottoli ghiaiosi, l'automezzo giunse presso lo spiazzo interno prospiciente la Triennale, vasto e silenzioso.

L'aria giaceva immobile nella totale assenza di vento: calda ed insolitamente secca, fragrante delle fioriture che costellavano il parco, ma con già un accenno di sterilità nelle sfumature olfattive, che annunciava l'arsura dell'estate imminente.

Le foglie tacevano, mute di vento.

Senza spegnere il motore, innestata la folle e tirato il freno a mano, aprì il portello di carico ed estrasse la salma dal suo imballaggio, avendo cura di deporla con delicatezza sul carrello che aveva portato con sé. Raggiunto il centro del tappeto verde e fragrante, un po' umido ma compatto, arrestò la corsa del carrello e tornò al furgoncino, dal cui lato del passeggero prelevò una pedana di legno massiccio, resistente e decisamente pesante, che fece rotolare sfruttandone la forma circolare.

Nel punto prestabilito, la adagiò sul prato, verificando che fosse posizionata su un tratto di superficie perfettamente piana, così da scongiurare anche la minima oscillazione (si era comunque procurato delle zeppe di diversa misura, nell'evenienza che la topografia del luogo si fosse rivelata particolarmente ostica). Infine, operando con movimenti precisi e faticosi, non certo facilitati dalla menomazione di cui aveva comunque imparato a gestire già da tempo le inevitabili complicazioni (come quelle relative all'esercizio della guida, per la quale era stato necessario dotarsi di un automezzo fornito di cambio automatico e di un meccanismo di sterzo adatto), aveva collocato la sua creatura sul ligneo piedistallo, apparecchiando poi, con perfetta efficienza, anche gli ultimi particolari.

Madido di sudore, mentre il nero della notte dilagava nello spazio attorno a lui, contemplò per l'ultima volta la sua opera prima.

Non poteva che essere definita un capolavoro.

Commosso da tanto tripudio di bellezza, si rassegnò a voltarle le spalle e ad avviarsi verso il furgoncino. Di lì a poco sarebbe potuta passare la ronda notturna e certo non era il caso di farsi catturare: non era che all'inizio della sua produzione.

2014

Capitolo 4

– Spara a quell'infame, se necessario, ma non facciamo che sfugga!

– E che c'era bisogno di dirlo, commissario, – rispose l'agente Baroni maltrattando l'asfalto con falcate lunghe e pesanti, quasi stesse ruzzolando sul marciapiede invece che veleggiarvi sopra leggiadro come una gazzella che fugge dal leone o, sarebbe stato meglio dire, con la velocità aggraziata di un leone che insegue una gazzella, dal momento che la sua preda non si trovava dietro, bensì davanti a loro. E pure di un buon tratto. Forse, se non avessero entrambi avuto in pugno il revolver di ordinanza, la loro corsa sarebbe risultata, se non più rapida, quanto meno più bilanciata e regolare grazie al moto di supporto fornito dalle braccia.

Ma il caso, o, per meglio dire, l'eroe negativo del caso, cioè la persona che stavano inseguendo, era risultata sufficientemente pericolosa da richiedere lo sfoderamento preventivo della potente arma da fuoco, giusto per evitare che un'assai probabile degenerazione delle modalità di confronto con la criminale potesse risolversi a loro letale svantaggio.

Non che spirare per sua causa si sarebbe potuta definire in tutto e per tutto una fine deprecabile, dal momento che si trattava di una giovane e bellissima donna, con una sorta di fascino invernale incastonato nei suoi grandi occhi glaciali, ma certo era auspicabilmente meglio che ciò, nel caso, avvenisse fra le sue braccia, al culmine dello sbocciare di un incommensurabile amore, tanto vasto che neppure il cuore più grande avrebbe potuto contenerlo.

Tuttavia, il soggetto in questione non pareva nutrire una familiarità particolarmente elevata nei confronti del nobile sentimento, quanto meno non verso le numerose persone che, a causa sua, si erano, più o meno prematuramente e tutte non volontariamente, dipartite dalla terrena esistenza.

Era sicuramente innegabile il fatto che, di alcune di queste almeno, il cuore era in effetti scoppiato; ma la deflagrazione, lungi dall'essere stata provocata da un accesso di eros, aveva avuto, come più semplice e meccanica causa, il fatto che la femme fatale (non la si sarebbe potuta designare con termine migliore), aveva introdotto in quell'organo dall'aspetto di fiamma rovesciata una piccola ma letale quantità di piombo di forma ogivale.

E di certo non poteva essere chiamato in causa alcun movente passionale.

Niente amore dunque dietro quella lunga serie di colpi precisi di arma da fuoco, ma solo denaro.

Tanto, tantissimo, conformemente al listino prezzi di uno dei migliori sicari disponibili sul mercato.

Così almeno era stato riferito al commissario Bezzi quando, alcuni mesi prima, con gli ultimi rigori di marzo ormai blanditi dal soffio ridente della primavera, si era imbattuto in quella peculiare professionista.

In realtà, all'inizio dell'indagine, più che in lei si era imbattuto nell'anziana e ricchissima signora alla quale costei aveva premurosamente conficcato un 338 Lapua Magnum proprio nel ventricolo destro del vitale organo, spedendola, con fulminea immediatezza, ad arricchire la già nutrita schiera delle anime compiante.

Compiante mica tanto, a volerci ben riflettere, dal momento che l'omicidio, come Bezzi ebbe modo di scoprire al termine della sua accurata indagine, era stato commissionato dall'affezionatissima nipote, non esattamente soddisfatta di alcuni investimenti filantropici che l'attempata nonnina stava per effettuare, con la conseguenza di vincolare ad altri, ignoti ed immeritevoli, parte delle sue sterminate sostanze monetarie. Dopo aver più volte manifestato verbalmente il suo dissenso, cosicché non la si potesse accusare di aver agito senza scrupolo, si era infine decisa di impiegare alcune migliaia di euro, della sua personale scorta ed al netto della vecchia (ne aveva invero a disposizione una considerevole quantità, ma si sa che alcune nature umane non si accontentano mai...), per assoldare la talentuosa killer, la cui esistenza le era stata rivelata da un suo prezioso conoscente.

Come e perché costui disponesse di tale informazione, non si era mai premurata troppo di appurarlo.

Una trama criminale tutta al femminile dunque, resa assai plausibile e fuorviante per chi ne doveva dipanare i fili, dal passato non proprio immacolato della generosa vecchietta che, forse in preda a rimorsi di coscienza durante il suo ultimo tratto di esistenza terrena (aveva compiuto a gennaio novant'anni tondi tondi) aveva deciso di impiegare nel bene i soldi acquisiti operando il male.

In gioventù infatti, ella si era dedicata ad un intensa attività di appropriazioni illecite, sfruttando la sua inarrivabile capacità di aggirare esemplari maschili di varia stagionatura anagrafica, ai quali, grazie alle armi letali del suo fascino e della sua bellezza, aveva spillato una monumentale quantità di quattrini.

A quelli sì che il cuore si era spezzato, quasi sempre in senso metaforico ovviamente.

Nulla di più facile, dunque, che qualcuno di questi, da ricercare fra i pochi coetanei di cui era stata amante dal momento che tutti gli altri risultavano trapassati già da lungo tempo, avesse in tarda età deciso di togliersi un fastidioso sassolino dalla scarpa, sempre parlando per metafore, provocando, o, meglio, facendo provocare, una frattura, questa volta materiale, nel cuore della carnefice dei suoi sentimenti.

Ma il commissario Bezzi non era certo professionista facile da aggirare e, dopo qualche difficoltà iniziale, aveva infine imboccato la strada giusta per risolvere il caso, mettendo in luce primari e comprimari del piano criminoso ad assicurando un lunghissimo soggiorno coatto all'avida nipote (la lunga fila dei cuori infranti era invece risultata sufficientemente estranea ai fatti).

Non restava ora che garantire lo stesso trattamento, con prospettive di permanenza carceraria ancora più lunga, anche alla giovane sicario, per il bene della giustizia e di molte altre anime a venire, certo ben liete di non trovarsi una pallottola affondata in qualche organo vitale.

Il soggetto, che evidentemente doveva godere di splendida forma nonché essere abbondantemente allenato, correva tuttavia come un accidente in quella sera di giugno, sgattaiolando agile fra le vie adiacenti corso Buenos Aires, diretto verso porta Venezia.

Ignorando il semaforo rosso e saettando fulminea fra le auto intente ad inchiodare e stramaledirla, aveva guadagnato il lato opposto dell'incrocio e si stava involando verso i bastioni; ombra leggiadra nella notte ammantata dalla luce dei lampioni.

– Ma dove minchia sta andando quella grandissima…

– Risparmia il fiato, Baroni, ché gli improperi ne consumano un bel po'.

– Io di fiato ne ho, commissario. Più di quello che serve. Ma lei, si sente abbastanza agile da scavalcare il cancello dei Giardini Pubblici, come ha appena fatto 'sta gran...

– Lo spero proprio! – lo interruppe Bezzi – Tanto ci dobbiamo comunque provare. Riponi il revolver e diamoci dentro!

– D'accordo – assentì l'agente – sperando che la monumentale zoccola non stia già prendendo la mira in attesa di veder sbucare le due nostre grandissime teste di...

– Stai sereno: vado avanti io che ce l'ho più piccola.

Capitolo 5

Evidentemente la donna non aveva intenzione di sperimentare la sua provetta ed esercitata mira sui due inseguitori, poiché quando le loro teste sbucarono, una dopo l'altra secondo l'altruistico ordine stabilito dal commissario, dalla cancellata prospiciente i bastioni, ebbero modo di voltarsi indisturbate ed intatte a destra e a sinistra, constatando che, per un non breve tratto, l'orizzonte di sentieri, gradini e roccette si estendeva di fronte a loro privo di qualsivoglia presenza e vestigia umane.

Non rimase dunque, proferita una serie di appropriate imprecazioni di origine tanto sacra quanto profana, che scendere per il tragitto artificiosamente ripido del monte Merlo, così da conquistare un'area del parco dotata di una maggiore profondità e respiro prospettico.

Pur muovendosi con più che discreta fretta, procedettero comunque piuttosto circospetti, dividendosi su due percorsi diversi, di modo da scongiurare, per quanto possibile, di lasciarsi sfuggire l'agile e veloce killer, qualora questa avesse deciso di occultare le sue sembianze nell'ombra nera di qualcuno dei numerosi anfratti che quell'angolo del parco offriva.

Tuttavia, sotto il velo chiaroscurale della notte, non si imbatterono in anima viva.

Raggiunto Baroni al termine del percorso, Bezzi gli fece segno di proseguire verso il centro del parco, oltrepassando il laghetto artificiale.

Qui, nuovamente, si divisero, procedendo il commissario in direzione del museo di Storia Naturale, mentre Baroni prendeva quella opposta, verso la fontana monumentale.

– Hai avvertito il commissariato?

– Sì. L'ho fatto mentre la aspettavo. Stanno arrivando in massa, così almeno mi hanno assicurato, e, tra poco, tutto il perimetro di 'sto... – si trattenne con un certo sforzo– parco dovrebbe essere circondato e presidiato come si deve.

– Bene – assentì Bezzi – speriamo non si sia già involata fuori di qui. – proseguì indicando l'area con un ampio gesto circolare sopra la sua testa – Noi comunque procediamo. Nel caso, ci sentiamo via cellulare.

A passo deciso si diresse verso l'edificio di destinazione, rapido, silenzioso e perplesso: qualcosa che doveva aver notato di sfuggita, e che in quel momento non riusciva a mettere a fuoco, continuava a non tornargli.

Un qualche particolare fuori posto, nascosto dentro la sua stessa memoria come in un intricato gioco di riflessi. Rimandando ad un momento maggiormente propizio l'attenta disamina delle proprie immagini e percezioni mentali degli ultimi dieci minuti, prese a salire cautamente i gradini di accesso alla struttura museale, verificando che, contrariamente a quanto aveva sperato, il cancello di ingresso non era stato forzato e che quindi, con ogni probabilità, nessuno si doveva essere celato nel buio di una delle tante sale di esposizione disposte in lunga sequenza, confondendosi fra i numerosi reperti di varia provenienza in queste contenuti. Peccato, meditò fra sé: catturare una pericolosa criminale stanandola fra le costole di un triceratopo o dentro le fauci di un allosauro sarebbe stata un'emozione indescrivibile, da top ten dell'estetica dell'inseguimento. Un episodio da trasmettere, intatto e glorioso, ad intere generazioni di addetti alle forze dell'ordine. Ma, a quanto pareva, i pensieri del sicario dovevano essere di natura ben più prosaica e pragmatica poiché, ancora una volta, in giro non si vedeva un'anima ed attorno non si udiva rumore, se non quello di qualche ratto di ragguardevoli dimensioni intento a frugare lo striminzito sottobosco dei radi cespugli sparsi tutt'attorno.

Sconsolato e quasi rassegnato all'idea di essersi fatto scappare la preda, Bezzi tornò a dirigersi verso l'area rocciosa del parco, appositamente edificata nel 1862, essendo notoriamente la città di Milano piuttosto povera di rilievi naturali, in quanto invero piatta come un velo di pasta sfoglia appena spianata. Tutto il contrario della riviera, dove il pulsare frenetico dell'estate doveva aver cominciato ad emettere i primi, incalzanti, battiti…

Impossibilitato a capacitarsi di quella improvvisa ed inopportuna divagazione, chiamò al cellulare Baroni.

– Allora? – domandò con un tono di frustrato nervosismo – qualche novità?

– Sì, commissario: i pesci rossi nuotano che è una bellezza a quest'ora. Deve vedere che missili: sfrecciano nella fontana che manco ci fosse uno squalo dietro a mordergli…

– La pinna caudale, giusto? Era questo il termine anatomico che stavi per utilizzare.

– Se lo dice lei che si chiama così… Si vede, commissario, che è appena stato al museo. Niente di nuovo da quelle parti?

– No. Tutto inutilmente tranquillo.

– Pure qui, tanto più che manco i pesci fanno rumore… Non sarà che la signora si è buttata dentro qualche cespuglio, oppure si è ficcata nel tronco di qualche albero come uno gnomo da giardino? Sta grandissima…

– Non lo so, Baroni. Il parco è grande, senza contare quello di Villa Reale, dove avrebbe potuto tranquillamente sconfinare. Mi sa che l'unica soluzione è che i rinforzi arrivino alla svelta, così da circondare l'area. Ora provo a chiamare la Questura centrale per fare richiesta di un elicottero–

Proprio in quell'istante il sibilo assordante delle sirene provenienti da varie direzioni saturò l'aria, accompagnato da un lampeggiare azzurro ed intermittente.

I cancelli di accesso al parco vennero aperti ed un numero cospicuo di rappresentanti delle forze dell'ordine vi si riversò all'interno come un liquido, dando inizio ad una sistematica caccia all'uomo.

Altre pattuglie presero a setacciare i dintorni mentre, alcuni minuti dopo, nelle regioni alte del cielo si udì distintamente lo scoppiettare minaccioso di un elicottero.

Meglio di questo non si poteva pretendere: se ci fosse stata anche una minima probabilità di catturare la criminale, non sarebbe stata trascurata.

Soddisfatto, anche se non rasserenato, dall'imponente spiegamento di uomini e mezzi, il commissario proseguì nel suo breve viaggio a ritroso verso l'ingresso dai Bastioni, nel punto dove sapeva esserci quell'indefinibile qualcosa che non gli tornava.

Con maggiore meticolosità e circospezione, prestando attenzione ad ogni particolare, risalì il tragitto che poco prima aveva compiuto in senso inverso.

Rocce, piccole gradinate ed un sentiero dall'andamento irregolare, ricoperto di ghiaia polverosa, secca per la calura dell'estate ormai imminente.

Fra i modesti agglomerati rocciosi, qualche gradevole elemento decorativo, un po' soffocato dal verde invadente dell'erba, contribuiva a movimentare quel ritaglio fittizio di paesaggio dove, su un rialzo litico...

Poteva finalmente dare un nome ed una forma a quel particolare che non gli tornava.

Avrebbe voluto avvicinarsi subito e contemplare con attenzione quell'eccezionale spettacolo, ma prima sarebbe stato necessario risolvere una complicazione accessoria di non poco conto.

– Ferma dove sei! – intimò sollevando il revolver e prendendo, per precauzione, la mira – Mani lontano dai fianchi e sdraiati a terra o ti sparo senza pensarci su un secondo!

Evidentemente non doveva essere stato l'unico ad aver notato quell'assurda incongruenza paesaggistica, poiché, proprio di fronte a questa, si trovava la killer, comprensibilmente attratta a sua volta dall'enormità del prodigio.

Capitolo 6

– Non si agiti: non ho intenzione di muovermi da qui – esordì la donna modulando le parole con un tono di voce granitico e melodioso, nel quale ogni sillaba risuonava con la massima chiarezza e senza la minima esitazione fonetica, quasi contenesse una verità definitiva da accostare a quella racchiusa nella successiva. L'effetto complessivo era quello di un fluire impeccabile ed artificiale, come la trame delle fiabe che Bezzi ascoltava da bambino dal mangiacassette di famiglia – e dire che ne ho uccise tante di persone nella mia professionale – proseguì inginocchiandosi, lo sguardo rivolto al commissario nella silenziosa richiesta di risparmiare il suo volto dalla polvere del sentiero. Non ricevette in cambio clemenza alcuna, ma solo un cenno nervoso del revolver di quell'uomo dalla stazza solida e dai capelli di un bruno intenso – ma ogni volta non si trattava per me che di un compito da assolvere con perfetta efficacia. Un atto pratico – osservò mentre sotto la guancia destra percepiva la pressione ruvida della ghiaia – concluso nell'istante stesso in cui la vita del mio bersaglio aveva termine.

– A quanto pare qui la faccenda è del tutto diversa – ribatté il commissario avvicinandosi con cautela, il revolver puntato verso la testa della donna, che giaceva prona e con le braccia a croce, come le era stato ordinato di fare – chiunque abbia compiuto questo, non può che considerare la morte come l'inizio della sua opera omicida.

Compiuto l'ultimo, prudente, passo, Bezzi le si accovacciò alle spalle, pronto ad eseguire l'operazione di ammanet-

tamento, che sarebbe riuscita alla perfezione se il soggetto fosse rimasto immobile, al posto che volgersi, con uno
scatto di velocità quasi impensabile, in posizione prona e
colpire il malcapitato commissario con un fendente preciso
e micidiale all'altezza della gola.

Annebbiato da un dolore denso e terribilmente concentrato, si accartocciò letteralmente su se stesso, cercando
con forza di continuare a respirare, azione che, per quanto
perfettamente naturale, gli riusciva in quel momento affatto
ostica.

– Non se ne abbia a male e non si dia troppo pensiero: è
un colpo doloroso ma non mortale. Fra qualche minuto le
passerà tutto, anche se per parlare le occorrerà un po' più
di tempo. Giusto quanto ne serve a me per tagliare la corda.
Spero di poter riservare lo stesso trattamento ai suoi colleghi appostati qui fuori: sono totalmente contraria all'omicidio, a meno che non mi venga commissionato.

Non serbi rancore: è che proprio non ho alcuna intenzione di finire in prigione. In fondo non faccio che il mio
lavoro, vale a dire realizzare la volontà di altri. Fosse per
me non ucciderei nessuno, mi creda. Un'ultima raccoman-
dazione, anzi, la potrei definire un'accorata richiesta: trovi
chi ha compiuto questa enormità. Deve trattarsi davvero di
qualcuno fuori dalle righe. Sarei proprio curiosa di conoscere i suoi singolari pensieri.

Terminato il breve discorso di commiato, voltò le spalle e
scomparve frusciando nel buio, rapida e leggera come l'aria
della notte.

Constatata la sua completa afonia a seguito di alcuni tentativi di lallazione sfociati in penosi rantoli da catarrotico
all'ultimo stadio, il commissario Bezzi prese la risoluzione

di utilizzare il suo cellulare in modo diverso da quanto aveva inizialmente sperato e si apprestò, fra fitte lancinanti alla gola, tanto dolorose da appannargli la vista (quella strega gli aveva menato un fendente a dir poco magistrale, probabilmente frutto di un accurato allenamento e di una pratica marziale costante), a digitare un sintetico messaggio all'attenzione del suo collaboratore

"Baroni vieni di corsa: sono al monte Merlo. Sbrigati perché sono a terra e non riesco ad alzarmi".

Sollecitato a fornire una motivazione circa il suo improvviso stato di immobilità, preferì non produrre alcuna risposta, la lettura della quale avrebbe fatalmente rallentato la corsa dell'agente.

Trascorsi un paio di minuti, il profilo massiccio di Baroni si stagliò finalmente al cospetto di Bezzi.

– Commissario, cosa ci fa per terra??? Perché non mi ha risposto? Non sarà mica che quella tr…

Per indurlo rapidamente al silenzio, gli sventolò davanti agli occhi il display del suo cellulare, sul quale torreggiava, scritta in maiuscolo, una basilare coniugazione di passato prossimo

"È SCAPPATA"

– Lo sapevo! È stata lei a ridurla così allora. – affermò osservando lo stato pietoso del commissario, le cui mani continuavano a stringersi attorno alla gola, nel tentativo di alleviarne per qualche istante il dolore lavico.

Il suo superiore gli rispose con un cenno affermativo del capo che, subito dopo, torse verso l'alto, indicando qualcosa posta alle sue spalle.

Seguendo la direzione tracciata nell'aria, lo sguardo acuto dell'agente scivolò lungo un rialzo di roccia verdastra, fino a posarsi su quelle che sembravano essere proprio le dita di un piede, quasi interamente coperto dal drappeggio flessuoso di un tessuto color crema.

Dopo un istante di sospensione fra il senso del dovere ed un sentimento di gelo, gli occhi di Baroni proseguirono, lentamente, verso l'alto, fino a compiere tutto il tragitto previsto.

A quel punto si arrestarono, per poi crollare, dopo un istante, verso terra, dove incrociarono quelli del commissario.
– Dio santissimo! – fu il commento di marca teologica che uscì dalla sua bocca.

Bezzi non ebbe modo di rispondergli: dalla sua bocca non usciva ancora un bel nulla.

1997

Capitolo 7

18 giugno 1997

Chi osasse definirmi con il termine di serial killer, o mostro, come si è soliti dire in questo Paese, non potrebbe essere più distante dalla verità che innerva il mio agire. Mostri sono quelli che uccidono per assecondare una loro perversione, un loro piacere turpe e morboso, o per pura schiavitù della violenza.

Serial killer...un lemma composto di povertà di pensiero e mediocre ripetitività. Persone, nella maggior parte dei casi uomini, legate al banale bisogno di ripetere un gesto letale con cadenza maniacale, per soddisfare pulsioni psicotiche incancrenite in periodi di incubazione più o meno lunghi, maturati in infanzie violate o violentate, piuttosto che in sordidi traumi di vite ordinarie. Nulla nobilita il loro sanguinoso agire, se non la pietà astratta che si può provare nei loro confronti. Deturpano, sfregiano, mutilano, infieriscono, stuprano, ciechi di qualsiasi barlume di luce nella notte fonda della loro furia ferina.

Causano la morte e scatenano la tragedia di chi i morti dovrà piangere senza un vero valido motivo, se non il loro patologico egoismo.

Deprimono la natura dell'essere umano, che sa essere tanto sublime, piegandola nel fango del mero bisogno animale, concupiti dai loro ferini istinti, assetati dalla loro arsura bestiale. Condotti verso il baratro, precipitano nell'infimo abisso del loro abbrutimento, senza che una sola scintilla di intelligenza scaturisca dai loro pensieri.

Ma io non sono come loro: brilla, fulgida come una faro nella notte della ragione, la razionale consapevolezza del mio agire.

Persequo un fine sublime ogni qualvolta il mio mutilo corpo esegue la mia volontà, scandendo il procedere degli atti in una sequenza meditata, intrisa di lucido pensiero e cristallina chiarezza di visione, proteso a dare atto eterno alla bellezza, che è la meta più alta che è dato raggiungere al consorzio umano ed all'esistenza tutta.

Io non sfregio, non violento, non deturpo, non avvilisco.

Io elevo verso il sublime, unico soldato nella guerra del riscatto umano. Unico formulatore dei giusti intendimenti. Unico timoniere nella rotta verso la perfezione.

Non uccido neppure, se non per conquistare il valore più sommo.

Ma questo lo si può forse definire omicidio?

Non è la vita a cessare in coloro che hanno avuto e avranno l'onore di accompagnarmi in questo viaggio ideale.

Viene meno solo il pulsare dei loro organi, il meccanico esistere del loro organismo.

Ma la vita... la loro vita...

Quella ha inizio proprio nel momento in cui nel loro cuore rintocca l'ultimo battito.

Si apre allora per loro la porta verso l'inveramento di se stessi nell'immortalità incorruttibile, nella perfezione inimitabile, nella verità irripetibile.

Mi spiace che non siano in grado di comprendere tutto questo, che loro capacità di intendere non vada oltre la banalità fattuale di ritenersi rapiti ed uccisi dal sottoscritto. Sono giovani, è vero. Ma questo non li esime dal comprendere, se solo il loro spirito riuscisse ad elevarsi quanto basta sopra il buio orizzonte dell'inconsapevolezza.

Basterebbe lumeggiasse una scheggia di luce nei loro pensieri, che afferrassero anche un solo frammento della verità che li comprende, e provvederebbero loro stessi a porre fine alla loro esistenza, varcando la soglia dell'eternità.

E invece mi sono trovato, per la seconda volta, a dover sopraffare quella che, nel piatto e banale gergo dei criminologi, verrebbe definita come la mia vittima.

Se ne stava lì, splendido di gioventù, appoggiato con muscolosa indolenza al basso muretto scalcinato, le orecchie ricoperte da un paio di cuffie acustiche rivestite di spugna nera. La musica la ascoltava così alta che il rimbombo della batteria lo si poteva sentire a qualche metro di distanza, nonostante i rumori del traffico ed il vociare camminante dei passanti. Perfetto nella sua elegante indifferenza, lo sguardo accigliato in un abbozzo di sorriso sprezzante e libero dalla schiavitù del tempo.

Sembrava davvero l'immagine umana dell'eternità.

Fui grato a quel giorno di fine marzo, così insolitamente caldo da costringere ad abbandonare nell'armadio giacche e cappotti in favore di maglitte e pantaloni leggeri.

O addirittura pantaloncini, come nel suo caso. Non potevo sperare di meglio che poter già ammirare, al primo fortuito incontro, i suoi polpacci torniti, massicci e lievemente strabordanti, e le sue cosce, per la parte visibile, dalla muscolatura più liscia e levigata, per quanto perfettamente soda.

Per non parlare poi di quegli avambracci turgidi e gonfi, appena oltre il limite canonico della proporzione, incastonati fra due mani piuttosto sottili e due bicipiti rigogliosi, dalla curva perfetta.

Le spalle si potevano immaginare ampie e non eccessivamente squadrate sotto la maglietta aderente, tesa da due pettorali rigonfi attorno ai capezzoli.

Dovendo giudicare a prima vista non avrei potuto imbattermi in una fedeltà anatomica migliore.

Certo, altrettanto non potevo affermare riguardo al viso: da questo punto di vista, con la ragazza, ero stato molto più fortunato.

Qui, invece, i lineamenti erano decisamente più affilati e scarni di quanto fosse necessario, ed il volto, nel complesso, risultava maggiormente allungato verso profili geometrici non pertinenti. Ma su quello avrei potuto lavorare, con pazienza e determinazione.

L'elemento più importante presentava invece, per mia enorme gioia, una corrispondenza praticamente perfetta: lo sguardo possedeva la medesima profondità inattingibile, nel profilo leggermente a mandorla degli occhi, sotto quelle arcate volitive e spesse.

3 e 2: potevo rispettare le mie scadenze, con assoluto tempismo!

Restava ora da trovare il modo...

Si udì il trillo sonoro e metallico di una sveglia. Un modello antiquato, con il piccolo martelletto di ottone intento a battere alternativamente sulle due minute campanelle a forma di ombrello poste ai lati.

Le lancette segnavano le quattro in punto e i lembi della notte si andavano assottigliando nell'alba estiva ormai imminente.

L'uomo scattò in piedi con un movimento secco ed automatico, girando su se stesso di un angolo piatto e dirigendosi verso il lettino operatorio.

Dopo aver dato una rapida occhiata al corpo che vi giaceva sopra, preparò una siringa di grandi dimensioni riempiendola di adrenalina, che iniettò nell'arteria femorale del cadavere.

Ripeté l'operazione altre due volte, utilizzando punti di accesso differenti: uno all'altezza della gola, l'altro poco sopra l'avambraccio.

Agì con la massima cautela, evitando, per quanto possibile, di illividire la superficie dell'epidermide.

Tutto sembrava procedere nel modo corretto, grazie anche all'esperienza acquisita, tre anni prima, sulla ragazza.

Si sentiva più tranquillo e padrone della situazione, potendo nuovamente sperimentarsi in un processo complesso e delicato di cui però, oramai, conosceva per esperienza diretta ogni passaggio.

In quel momento il procedimento era solo all'inizio, alla fase preparatoria per essere più precisi, e sarebbe occorso davvero un lungo periodo di tempo prima che quell'esemplare eccezionale fosse pronto per il suo ingresso nella gloria delle forme.

Tantissimo tempo da occupare nell'assolvimento metodico dei compiti previsti dal protocollo.

E nella stesura del suo diario: un documento unico ed irripetibile a cui affidare la sua genialità. Una strada di carta
su cui imprimere i passi del suo viaggio verso la perfezione
più assoluta.

Un monumento di pagine da consegnare all'umanità.

L'adrenalina era stata somministrata nei modi e nei tempi
dovuti.

Ora poteva finalmente riprendere a scrivere.

Capitolo 8

Non amo lasciare le frasi incompiute.

Sono un uomo metodico, lo sono sempre stato, e oggi, nella piena maturità dei miei quarantotto anni, lo sono ancora di più.

Autodisciplina, perseveranza, forza di volontà: sono tratti che mi hanno sempre contraddistinto rispetto alla massa cieca in mezzo alla quale sono nato e cresciuto.

Ho avuto un ottimo padre che mi ha insegnato la tenacia e la costanza, oltre che a perseguire ciò che si ama, ed una madre assente, innocua. Due esemplari di genitori del tutto differenti, tanto per rimarcare la mia assoluta estraneità allo stereotipo del serial killer, da quelli che sovente si trovano negli ambienti sordidi e violenti, non di rado abbrutiti dall'alcool, nel quale marciscono fino alla maturità quei rifiuti umani.

Infanzia violata? Maltrattamenti? Abusi fisici e psichici?

Porcherie esistenziali che mi sono del tutto estranee.

Sadismo e accanimento contro animali ed esseri inermi?

Altro tratto della personalità che non mi è mai appartenuto. Innanzitutto perché di animali, in casa, non ne abbiamo mai avuti, né io ne ho mai voluti quando ho iniziato a vivere per conto mio. Ma, soprattutto, perché qualsiasi forma di vita diversa da quella umana mi risulta del tutto indifferente; non suscita in me alcun moto di alcun genere, né tenerezza, né desiderio di crudeltà.

Ecco, dite voi ora se posso essere in qualche modo etichettato come un assassino seriale.

Trovate, se ne siete in grado, qualche elemento in comune profondo e sostanziale, e non mere somiglianze superficiali e teoriche, come quelle che potreste leggere in uno qualsiasi dei tanti saggi da quattro soldi disponibili in libreria.

Prova ne è che di me, dopo la mia prima opera realizzata due anni fa, non si è mai più parlato. E non perché, fino ad oggi, non ne sia stata compiuta nessun'altra, ma per il motivo che nessuno, allora, fu in grado, anche solo lontanamente, di comprenderne le motivazioni.

Hanno parlato, la stampa, la TV, la gente per strada, di un omicidio raccapricciante ed inspiegabile, di un evento particolarmente grave di cronaca nera, dimostrando, una volta di più, la loro cieca stoltezza. Hanno visto il guscio e non la sostanza, l'atto e non l'intendimento, come se qualcuno inorridisse, entrando in una chiesa, al cospetto del crocifisso.

Fatto sta che, trascorse alcune settimane, sono scomparso dalla bocca e dalle pagine degli uomini comuni. Non che aspiri alla fama, non ancora per il momento, dato che la mia opera è ben lungi dall'essere completa.

Solo che mi stupisce come nessuno sia riuscito a cogliere il nesso...

Ma, forse, esiste una spiegazione quantomeno funzionale, se non logica: si sono volute tenere nascoste le intuizioni, nella speranza che questo potesse in qualche modo facilitare le indagini.

Un'idea sbagliata, ma non deprecabile.

Certo non riuscirei invece a comprendere in alcun modo un atteggiamento di indifferenza.

Ma adesso è ancora prematuro affrontare seriamente l'argomento.

Come dicevo, la mia opera non è che all'inizio ed un lungo compiersi di anni sarà necessario al suo completamento.

Riprendiamo dunque il racconto da dove sono stato costretto ad interromperlo per sbrigare le mie incombenze (non ci può essere perfezione senza metodicità).

Stavo riferendo di come fosse per me problematico trovare un modo per creare un contatto con quello splendido ragazzo, che neppure lontanamente conoscevo.

Mettetevi nei miei panni e poi nei suoi: un uomo di quarantotto anni, uno sconosciuto, un passante come ce ne sono a migliaia, in che modo potrebbe mai risultare interessante per un ragazzo che, di anni, doveva averne meno di venti (la sua carta di identità mi ha confermato che ne aveva 18)?

Insomma mi trovavo in una situazione di tragico empasse: avevo trovato il mio partner ma ignoravo totalmente come potergli anche solo rivolgere la parola.

E poi, quel suo rimanersene lì in bella mostra ma isolato dal mondo, con la musica impiantata a forza nelle orecchie...

Ma certo, la musica!

Seppure ci fosse stata anche una fievole speranza di superare la barriera che ci separava, proprio la musica avrebbe creato il varco.

Ma era, per l'appunto, una possibilità davvero esile, come quella a disposizione di una mosca per uscire dal bicchiere d'acqua in cui è precipitata.

Inutile dire che, riguardo alla musica di qualsiasi genere, la mia conoscenza, nel complesso non trascurabile, è necessariamente limitata a quella con cui sono cresciuto, quindi, rispetto a quella definibile in genere come Rock, alle band ed ai solisti che sono fioriti soprattutto negli anni '70 e '80, con qualche sconfinamento nella seconda metà degli anni '60.

Questo era tutto ciò di cui disponevo mentre, simulando un fare indifferente e distratto, mi sono avvicinato al ragazzo, passo dopo passo, fino ad appoggiarmi anche io al muretto, ad una manciata di centimetri dal suo fianco sinistro.

Percepivo chiaramente l'odore intenso, concentrato in se stesso, del suo pulsare vitale: assoluto e senza confini. Un immenso fluire di energia, come uno sterminato campo di erba lucida ondulato dal vento della primavera.

Visti da vicino, i suoi muscoli risultavano ancora più splendidi di turgore e perfetta rassomiglianza, le sue proporzioni ancora più corrispondenti al modello, così come l'altezza (sembrava proprio sfiorare i due metri, dal momento che mi sovrastava di due buone spanne).

Protesi l'orecchio verso le cuffie, prestando la massima attenzione, nonostante il rumore fastidioso prodotto dalle auto e dai passanti.

All'inizio non riconobbi la melodia che proveniva da quei due minuscoli altoparlanti, sfruttati al massimo della loro potenza a discapito dei timpani del giovane ragazzo.

Ma, successivamente, mentre estraevo una sigaretta, imitando il gesto appena compiuto da quel virgulto (in realtà non fumo, ma porto sempre con me un pacchetto di Pall Mall, già aperto, che può sempre tornare utile per creare una qualche forma di empatia non verbale), iniziai a percepire una qualche familiarità con quella sequenza distorta di note e con quello schema ritmico, di cui mi giungevano, ben udibili, i battiti.

Compii ancora un ultimo, e più intenso, sforzo e pervenni infine alla soluzione: stava ascoltando un pezzo dei Velvet Underground, il cui titolo è "Heroin".

Era, evidentemente, alle prese con l'ultima parte del brano.

Da lì quella cacofonia in crescendo, unica e certamente riconoscibile ad un orecchio consapevole. Avevo avuto fortuna, senza dubbio. Ma ciò non era certo sufficiente: fra disporre di un nesso, un punto di contatto, con uno sconosciuto e riuscire effettivamente ad utilizzarlo per rivolgergli la parola in un modo che non apparisse sospetto o eccessivamente bizzarro, ci passa una bella differenza, se me lo concedete.

Fortunatamente avevo la sigaretta: intonsa ed incastrata fra le mie labbra.

Gli battei piano sulla spalla, riscuotendolo dal suo ascolto ipnotico.

Mi rivolse uno sguardo tra l'infastidito ed il sorpreso, senza accennare a togliersi le cuffie dalle orecchie.

Imitai il gesto di azionare un accendino ed ottenni in cambio un movimento secco e meccanico, con il quale fece scaturire, sotto i miei occhi, una fiammella gialla ed immobile.

Accesi la sigaretta e sventolai il palmo in segno di ringraziamento, poi, prima che distogliesse lo squardo dal mio, sollevai il pollice, indicando al contempo il suo lettore portatile e manifestando pieno assenso con l'oscillare del mio capo e con un sorriso che mi fece traballare la sigaretta fra le labbra.

Incuriosito, o forse solamente infastidito, da quell'estraneo decisamente più vecchio di lui che sembrava non solo conoscere ma anche apprezzare le sue scelte musicali, si decise una buona volta ad interromperne la riproduzione e a concedermi la sua attenzione.

– Voleva dirmi qualche cosa? – mi domandò squadrandomi con poco interesse

– Niente di particolare, se non il fatto che sia molto favorevolmente sorpreso di vedere un ragazzo giovane come lei intento ad ascoltare una brano così bello come Heroin, ma anche così da vecchietti... – sottolineai l'ultima parola con un sorriso auto ironico, che speravo rimediasse in qualche misura al giro di parole noioso ed ampolloso con il quale mi ero rivolto a lui, sbagliando completamente stile e contenuto. Il giovane parve invece apprezzare le mie modalità un po' antiquate, perché mi rispose a sua volta con un sorriso velato di fumo e con una spiegazione, tutta a mio favore, delle sue preferenze.

– Sarà anche da vecchi, ma a me piace molto. E sono grato a mio padre, che per i Velvet ha una vera passione, per avermela fatta scoprire. Tutto l'album, anche grazie a Nico, è davvero stupendo.

Secondo colpo di fortuna. Speravo ci sarebbe stato anche il terzo.

Che, tuttavia, sembrava latitare all'orizzonte poiché, condivisa questa piccola confidenza domestica sull'origine della sua cultura discografica, il ragazzo perse immediatamente interesse verso il sottoscritto, che evidentemente considerava un corpo estraneo nella sua esistenza, e, senza aggiungere altro, tornò ad inforcare le sue cuffie, riprendendo l'ascolto dell'album (percepii le prime note di "There she goes again").

Il primo assalto, pur non essendo andato a vuoto, non era stato sufficiente ad aprire alcuna breccia.

Non mi persi di animo.

Tirate alcune boccate alla mia sigaretta, espirando ogni volta il fumo con la bocca rivolta dall'altra parte così da non far vedere che non lo aspiravo veramente, tornai a battere sulla sua spalla.

Quello che mi rivolse fu un viso atteggiato ad un sorriso di pura circostanza, sotto il quale si avvertiva il fastidio per la mia insistenza.

Non accennava a togliersi le cuffie, ma alla fine cedette, sopraffatto dal mio sguardo sorridente e dalla mia espressione complice.

Con uno scatto ben controllato liberò nuovamente le orecchie e mi domandò:

– C'è altro? – sottintendendo che la conversazione con il sottoscritto non doveva proprio essere in cima alla lista dei suoi desideri

– Chi altro ti piace, oltre ai Velvet? Intendo sempre musica da vecchi, ovviamente. Ascolti gli Who? O preferisci la rabbia dei Clash? E i Doors?

Questo breve carosello dovette suscitare un effetto positivo, dal momento che rispose affermativamente e completò l'elenco con altri gruppi e solisti americani ed inglesi.

Mi riuscì facile immaginarlo, incompreso ed inascoltato, in mezzo ai suoi coetanei, orientati verso artisti e generi contemporanei.

Meglio così: non esclusivamente il padre poteva infatti essere qualcuno con cui parlare di musica seria.

Osservai la mia sigaretta, ormai terminata in un lungo arco di cenere grigiastra, e la spensi sul bordo del muretto, scimmiottando un gesto di noncuranza (in realtà odio lasciare rifiuti di qualsiasi genere in giro. Lo trovo un gesto assolutamente inestetico e privo di qualsiasi senso dell'ordine), che il ragazzo imitò con abituale naturalezza.

– Bene, vedo proprio che te ne intendi. Quasi più di me...

– Quasi?

– Già. Per quanto tu, ragazzino – lo apostrofai con un tono un po' da vecchio amico, un po' da fratello maggiore – possa disporre di un numero considerevole di album, grazie anche al tuo saggio genitore, non potrai di certo mai eguagliare la discografia ospitata a casa del qui presente. Ti faccio solo notare – aggiunsi assestandogli una gomitata leggera e scherzosa fra le costole – che abito in una villa di cui un piano è interamente dedicato ai miei CD ed ai miei LP. Credo di poter affermare di possederne oltre mille.

Avevo esagerato ovviamente: dal fantomatico piano dedicato alla musica (mi accontento di un modesto impianto collocato in camera da letto), all'entità della mia collezione (qualche decina stentata di cd).

Ma l'esagerazione, quando devi fare colpo, paga e, non da ultimo, un povero uomo senza un braccio incute sicurezza, o, quantomeno, non trasmette sensazioni di minaccia.

– Che ne diresti di fare un salto da me e dargli un'occhiata? Ben inteso: non te ne regalerò neppure uno dei miei preziosi cimeli, ma potrei lo stesso farti scoprire un mondo ignoto...

La proposta gli risultò particolarmente allettante, perché, senza quasi esitare, ribatté:

– D'accordo. Ma dovremmo andare adesso, perché fra un paio di ore ho appuntamento con la mia ragazza. È qui vicino la sua abitazione?

– A non più di un quarto d'ora di macchina. O meglio: di furgone. Lo ho parcheggiato proprio qui dietro.

– La seguo.

– Prego, avanti tu – ribattei indicando un punto alle sue spalle ed attendendo che il ragazzo, compiuta una giravolta sul suo asse, si avviasse.

Poi lo seguii, non prima di aver raccolto il mio mozzicone di sigaretta.

Meglio, al di là di meritevoli considerazioni estetiche, non lasciare in giro le proprie tracce.

Capitolo 9

E così eccomi nel mio furgone, con a fianco, seduto un po' scomposto ed insofferente, assorto in un modo di essere più che in una disposizione di animo temporanea, questo ragazzo a cui la natura aveva offerto in dono la bellezza che andavo cercando.

Come compagno di viaggio non si dimostrò un granché, poiché rimase, per quasi tutta la durata del breve tragitto, quasi sempre in silenzio, limitandosi ad osservare che, per essere, o quanto meno per dichiararmi, un appassionato e quasi un maniaco di musica, ne avevo ben poca a disposizione all'interno del mio veicolo, nel quale l'unico apparecchio acustico era costituito da un'autoradio, presente per il solo fatto che faceva parte della dotazione di base del mezzo quando, cinque anni prima, lo avevo acquistato.

Superato un attimo di smarrimento, che dissimulai fingendo di concentrarmi sulla guida, riuscii ad accampare una scusa credibile e coerente, rispondendogli che l'acustica dell'ambiente e la rumorosità del motore rendevano superfluo qualsiasi impianto, anche il migliore, svilendolo con un rumore di fondo ed un propagarsi dei suoni assolutamente non all'altezza di un ascolto come si deve.

La spiegazione venne recepita senza opporre obiezione; fortunatamente direi, dal momento che, se si fosse rivelato necessario farlo, non avrei saputo argomentarla in alcun modo.

Di nuovo cadde un silenzio piatto ed amorfo, mentre filavamo, senza mai superare il limite di velocità, lungo i viali della periferia, pennellati da un sole pastoso e tenue, nonostante la temperatura abnorme per la stagione.

L'odore degli alberi in fiore stagnava intenso nell'aria, insinuandosi dai finestrini completamente aperti.

Un anticipo di estate che volli interpretare come un segnale prodigioso.

Lo avevo trovato in quel giorno di marzo, e, dovendomi attenere al mio metodico programma, rigoroso e poco incline ad recepire eccezioni, avrei dovuto iniziare a trasformarlo in giugno, come avevo fatto con la ragazza.

Ma, mi rendevo perfettamente conto, non avrei potuto in alcun modo instaurare con lui un rapporto duraturo, uno scambio relazionale che potesse varcare i confini di quella straordinaria giornata.

Non percepivo infatti da parte sua altro che effimera curiosità, imbevuta di una sorta di autocompiacimento cosciente ed innato, tipico di chi è abituato ad osservare il suo fascino all'opera. Una forza connaturata, legata alla sua giovinezza coronata di bellezza.

Sarà anche stato emarginato dai suoi coetanei quando il discorso cadeva sui gusti musicali, ma di certo doveva essere perfettamente in grado di avvincere con il suo charme e con i suoi modi collocati un passo oltre gli altri.

Ed io, nella certezza delle sue convinzioni, non dovevo fare eccezione: l'ennesima persona, a prescindere da età, sesso ed inclinazioni, da cui ottenere qualcosa senza aver neppure compiuto lo sforzo di chiederla.

Mi domandai se, per qualche motivo, avesse pensato che fossi un omosessuale in cerca di una piacevole avventura pomeridiana.

Il contesto e le dinamiche certo potevano portare a ritenerlo e, visto dall'esterno, come filmandolo con una telecamera, il mio comportamento aveva tutto dello schema di un adescamento trito e consumato, portato avanti con laboriosa consapevolezza.

Eppure il ragazzo non manifestò alcun atteggiamento di sospetto, diffidenza o estraneità.

Tutto sembrava risolversi in una facile semplicità autorizzata alla spensieratezza.

Un prendere atto delle cose senza soffermarsi sui perché, nel rassicurante perpetrarsi delle modalità. Accompagnati dal fruscio muto del nostro respiro, avevamo finalmente raggiunto la mia abitazione.

Davanti al parabrezza si parava il cancello di ingresso.

– Saresti così cortese da passarmi il comando di apertura? Si trova lì, dentro il vano porta oggetti. Grazie.

Con un movimento flessuoso si chinò per azionare il meccanismo di sblocco del piccolo portello, offrendomi, inerme ed inconsapevole, il suo profilo sinistro.

Feci partire il mio pugno, preciso, secco, efficace: lo colpii alla base del mento, dal basso verso l'alto. Si afflosciò come se lo avessero sgonfiato.

Dovevo fare in fretta: non sarebbe rimasto a lungo privo di sensi ed io, lì nel furgone, non disponevo di alcun narcotico.

Erano tutti sotto custodia nel mio laboratorio.

Aprii il cancello e parcheggiai nel giardino.

Scesi di corsa e mi precipitai in cucina, spalancando la porta del laboratorio, le cui chiavi porto sempre con me.

Mi mossi rapidamente, mantenendo al massimo la concentrazione, ed operai con invidiabile efficacia, nonostante la mia menomazione.

Estrassi da un cassetto una siringa e la conficcai nella guaina di gomma di una fiala, da cui prelevai circa due terzi del liquido in essa contenuto.

Giudicai ad occhio che dovesse essere sufficiente. Mi precipitai di nuovo al furgone e gli iniettai il liquido direttamente nella vena del collo, affinché l'effetto fosse ancora più immediato.

Vidi i suoi muscoli abbandonarsi del tutto.

Il respiro si fece lievissimo e rado.

Ora potevo trasportarlo verso il suo destino di gloria.

2014

Capitolo 10

– E che cazzo, commissario, si è fatto conciare proprio male!

– È stata veloce ed imprevedibile, Baroni. E mi ha colto di sorpresa proprio come se fossi la più fresca delle reclute. – Per fortuna non sembra niente di grave – sentenziò l'agente con tono da esperto, mentre palpava delicatamente la gola di Bezzi il quale, pur avendo recuperato il dono della parola, non poteva affermare altrettanto delle sue capacità motorie.

Si sentiva ancora intontito e la testa, intenta in una danza estatica fuori programma, continuava a girargli rendendogli impossibile usufruire della stazione eretta, nonostante il genere Homo ne fosse dotato già da un paio di milioni di anni.

Dovette accontentarsi di strisciare poco decorosamente verso una sporgenza rocciosa, così da potersi mettere seduto con la schiena appoggiata alla superficie dura ed irregolare.

Uno sciame di spilli si accanì sul suo cranio mentre compiva la penosa operazione.

– Ho visto blatte affette da gigantismo dell'esoscheletro voltarsi sulle zampe con molta maggiore grazia e molta minore fatica – constatò con amarezza.

– Certo è andata meglio a lei che a quella – ribatté Baroni sconcertato, indicando i resti mortali, perfettamente conservati, di una giovane ragazza. O, quantomeno, di quella che doveva essere stata una giovane ragazza, prima di essere trasformata nella "cosa" che era adesso – di morti, ammazzati e non, ne ho visti un bel po' facendo 'sto lavoro infame, ma questa...

– Questa non è semplicemente una ragazza morta, anzi uccisa, – dissentì Bezzi – ciò che abbiamo davanti ai nostri occhi è la copia perfetta di una statua. Solo che al posto che essere di marmo o di bronzo, è stata realizzata con il più deperibile dei materiali: il corpo umano. Certo non volontariamente offerto da questa giovane vita ad un artista a dir poco originale.

– Ecco allora perché ha la pelle così bianca! – constatò l'agente osservando il busto, completamente nudo fino alla linea del pube – Mica perché è morta e basta. Il fulminato che l'ha fatta fuori la ha anche imbiancata! Ma... come ha fatto a capire che si tratta di una statua?

– Te ne intendi di arte greca, Baroni?

– Come di scrittura cinese, commissario: non saprei distinguere uno di quegli sgorbi dall'altro.

– Aiutami ad alzarmi. La testa mi gira un po' meno ora. E vedo che stanno arrivando i nostri colleghi – osservò Bezzi indicando un punto davanti a sé: un nugolo di semioscurità infestato dalle luci inquiete delle torce elettriche. Anche alle sue spalle, dall'ingresso sopraelevato del parco, si udiva un tramestio battente animato da voci concitate.

– Niente da fare! – esclamò qualcuno nell'oscurità, pronunciando le parole con irritazione – Ce la siamo fatta scappare sotto gli occhi. Come ci sia riuscita ancora non lo so, fatto sta che è scomparsa alla velocità della luce.

– Qualcuno è rimasto ferito? – domandò Bezzi che era il destinatario di quel concitato monologo a cui finalmente riuscì ad attribuire un volto, una volta che un agente alto, emaciato e dai lineamenti nervosi si palesò davanti al suo campo visivo, che, nel frattempo, si era elevato ad un livello più alto dell'orizzonte, dal momento che, appoggiandosi a Baroni, era finalmente riuscito a mettersi in piedi – No nessuno. Solo l'agente Ciardelli si è presa una botta sul collo che l'ha mandata a tappeto. Ma adesso sta bene e non c'è stato neppure bisogno di farla medicare. Quindi…

Si interruppe di colpo, infastidito dalle continue esclamazioni dei colleghi alle sue spalle.

Voltatosi per comprenderne l'origine, non riuscì più a proferire altre parole.

– Ma questa è la Venere di Milo! – esclamò un'agente della scientifica, le cui reminiscenze didattiche, o culturali, erano state prepotentemente risvegliate dal cadavere, ancora collocato nella posizione in cui era stato ritrovato, che si stava apprestando a fotografare.

– Non esattamente – la corresse Bezzi con un punta di saccente pignoleria – questa non è semplicemente una macabra riproduzione della statua che lei ha giustamente citato. Possiede infatti qualcosa che l'altra non ha più.

– Be', certo, questa ha tutte e due le braccia – ribatté l'agente un po' seccata da quella ovvietà – vuol dire, quantomeno, che il folle che l'ha ammazzata ha almeno avuto la clemenza di non amputargliele.

– Non solo, agente, non solo. Mi creda, non voglio spacciarmi per un esperto di arte. Anche io, come lei, credo, non mi spingo oltre a vaghi ricordi scolastici o accademici. Tuttavia, mentre attendevamo il vostro arrivo – indicò con un movimento del braccio la squadra della scientifica – ho avuto modo di scovare qualche informazione in rete, utilizzando il mio telefono. In particolare alcune foto della Venere, e, più nello specifico, questa.

Le mostrò l'immagine che campeggiava a tutto schermo sul display

– Sempre della Venere di Milo si tratta, regolarmente dotata però di braccia.

– Infatti – confermò Bezzi – inoltre, noterà, regge una mela nella mano destra. Il ben noto pomo della discordia, ovviamente.

– Già. Ma questa poveretta no. Quindi? – domandò impaziente, nonché insofferente alle mezze frasi del commissario.

– Si tratta di una ricostruzione della statua proposta da uno storico dell'arte tedesco. Quindi, credo, l'assassino ha voluto non tanto imitare quanto ricreare la Venere di Milo, così come doveva essere originariamente, tralasciando gli addobbi ortofrutticoli, evidentemente non di suo interesse.

– Un pazzo con velleità da restauratore, oltre che da artista – osservò amaramente l'agente, preparandosi a scattare le prime foto, da posizione frontale.

– Per quanto macabro e raccapricciante tutto questo possa essere, non gli si può certo negare una grande perizia ed attenzione ai minimi dettagli. L'effetto complessivo, nella tragicità di una vita stroncata, rimane comunque impressionante.

Effettivamente, la fedeltà al modello originale, opera ellenistica attribuita ad Alessandro di Antiochia, prelevata a forza, nel secolo decimonono, dalla marina Francese dall'isola (quella di Milo appunto) in cui giaceva, per finire sempiternamente esposta al museo del Louvre, era davvero perfetta.

Dalla postura del corpo, sinuosamente disposto a formare un S dalla curva lieve, quasi abbozzata, nudo nella parte superiore, dove due seni pieni, leggermente distanziati ed impalpabilmente divergenti, sfumavano verso le clavicole ed i muscoli delle spalle, morbide nel tratto, ma solide al contempo. Il collo, robusto e quasi cilindrico, inclinato verso sinistra, sorreggeva un volto dalla bellezza piena e regolare. Assolutamente femminile nella grazia carnosa delle labbra e nella morbida pienezza delle guance, eppure dotato di una virilità subliminale promanante dalla decisa compostezza del naso, meravigliosamente diritto e proporzionato, piuttosto che dalla fronte bassa e liscia e, ancor più, dallo sguardo lanciato con vigore verso l'orizzonte.

Una vera dea insomma, nella quale i tratti dell'umano si assommano in un crogiolo di più alto ed inattingibile statuto dell'essere.

La parte inferiore, dalla linea del pube e delle natiche, lungo le gambe e fino ai piedi, era ricoperta da un panno bianco, inamidato, o comunque trattato con qualche sostanza apposita, al punto da mantenere perfettamente le pieghe e le increspature che l'assassino vi aveva impresso.

Lo stesso valeva per l'acconciatura, perfettamente fedele a quella della statua, con la fuga di ciocche, a partire dalla scriminatura frontale, verso la crocchia posta sopra la nuca.

Non mancava neppure il diadema, formato da una stretta benda di stoffa.

– Commissario – osservò l'agente fra il ventaglio di flash emessi dalla sua macchina fotografica – ha notato il livello di conservazione e di rigidità del corpo?

– Sì, davvero notevole. Sembra che sia stata imbalsamata.

– Ancora di più direi. Un tale livello di perfezione non si ottiene con processi tradizionali come quello da lei citato. – Non sono un esperto in materia…

– Neppure io, commissario. Sarei proprio curiosa di sapere cosa dirà il medico legale in proposito.

– Le farò avere una copia del referto, se mi sarà possibile.

Capitolo 11

L'autopsia era stata fissata per le quattro del pomeriggio e la mattinata si presentava ancora lunga ed operosa. Non faceva caldo, pur essendo giugno, perché un vento freddo proveniente da qualche remota regione del nord Europa, se non direttamente dal circolo polare, si divertiva a soffiare, leggero ma insistente, già dalle prime ore della giornata, lasciando che la sera si adagiasse fresca e gradevole sulla pelle dei milanesi, sulle loro ultime ore di veglia e, infine, su loro sonno avvolto da un sottile lenzuolo.

I sogni si dipanavano indisturbati lungo la trama del buio, non intaccati dal caldo o dall'afa.

Quella singolare parentesi climatica sembrava in effetti conciliare il riposo, spingendo i frequentatori della notte a scivolare soddisfatti dentro la tana onirica, piuttosto che deambulare da un locale all'altro alla ricerca di una quiete infastidita dall'alcool.

C'era insomma un silenzio più grande, disteso sulla piccola metropoli come un manto invisibile fra le strade ed il cielo nero, nel quale le stelle si potevano solo immaginare, offuscate come erano dalla luce stenta e violenta dei lampioni, da quella delle insegne e da tutti gli altri singhiozzi notturni.

Ma un sonno lungo e sereno, porta inevitabilmente a risvegliarsi freschi e riposati; quasi ansiosi di saltare giù dal letto ed affrontare di petto le incombenze giornaliere, così da raccogliere un livello di stanchezza sufficiente a consumare una cena frugale, abbrutirsi per un po' di fronte alla televisione, piuttosto che davanti ad un PC, e maturare una adeguata motivazione a spegnere l'interruttore della coscienza per almeno sette, otto, ore.

Certo questo non era il caso del commissario Bezzi, la cui nottata si era conclusa con un passaggio spazio temporale fluido dai Giardini Pubblici al commissariato, senza tappe intermedie di alcun tipo.

Sonno e sogni compresi, la cui mancanza si era incisa profondamente nelle sue occhiaie.

Fortunatamente non aveva avuto bisogno di avvertire della sua assenza Marta, che già da alcuni giorni, essendo terminato anche quell'anno scolastico, l'ultimo del liceo, aveva raggiunto la madre nella cittadina di riviera.

La aveva trovata, la cittadina, piena di sole e brulicante di vita. Turistica ovviamente, essendo giugno il mese in cui, soprattutto le famiglie straniere, amano godersi il clima della riviera, con le sue giornate lunghe e ventilate dalla brezza marina e dal suo sapore salso ed asciutto.

La madre, invece, la aveva trovata in splendida forma, soddisfatta ed appagata del suo nuovo compagno e dell'esistenza che quella relazione aveva generato.

Che fosse migliore o no di quella trascorsa con Bezzi aveva poca importanza; semplicemente funzionava meglio. Almeno per il momento.

Ma la mancanza di riferimenti femminili nella vita del commissario, non si limitavano a quello, ormai definitivo, della ex moglie e a quello, transitorio ma sempre legato agli affetti familiari, della figlia.

Anche sul versante professionale, l'altra metà del mondo latitava vistosamente, essendo l'agente Tarcisi impegnata a smaltire un lungo periodo di ferie arretrate, che la avrebbero tenuta lontana dal commissariato per tutto il mese corrente e parte di quello successivo.

Diversamente dalla attese, un po' egoistiche invero, del commissario, aveva deciso di concedersi un lungo viaggio in qualche angolo remoto della terra, a cui avrebbe fatto seguito un soggiorno, più o meno spontaneo, presso i suoi genitori, che ormai non vedeva da quasi due anni.

Il risultato di questo deserto del gentil sesso, si era concretizzato, principalmente, in cene solitarie e colazioni consumate con Baroni e Robecchi.

Come quella appena conclusa, a base di brioches salate farcite con salame ed emmenthal, accompagnate da succo di arancia e caffè all'americana, così da compensare il fabbisogno calorico accumulato durante la laboriosa ed agitata nottata.

Elargito l'ultimo e definitivo morso alla sfoglia croccante e cedevole, Bezzi rifletté sugli eventi da poco occorsi, concentrandosi soprattutto sulla giovane e sfuggente sicario, che era riuscita a dileguarsi nella notte con l'evanescenza di un'ombra, dopo aver disseminato a destra e a sinistra tecniche da consumato karateka, con una dimestichezza ed una spontaneità da grande maestro delle arti marziali, come quelli che amava vedere in azione nei vecchi b-movies orientali ammirati in giovane età.

Certo quella notte erano mancati gli effetti sonori, ma la prontezza consumata e micidiale, se solo avesse deciso di colpire con maggior forza o in un punto più immediatamente vitale, era stata esattamente la medesima, quasi stessero recitando un copione, con mosse, contromosse e tecniche prestabilite. Tuttavia, ciò che lo colpì ancora di più, questa volta in senso metaforico dal momento che il dolore ancora intenso alla gola costituiva un più che sufficiente complemento a livello fisico, non furono tanto i gesti compiuti dalla donna, quanto la qualità di autoconsapevolezza che doveva esserne alla base.

Si era mossa, durante tutto il disastroso inseguimento, con una sorta di leggiadria danzante, una grazia quasi sovrannaturale; come se fosse a tal punto certa del successo di qualsiasi sua iniziativa o decisone da poterne verbalizzare in anticipo gli esiti nell'immediato futuro.

Chi fosse esattamente ancora non era riuscito a comprenderlo, nonostante gli ormai tre mesi di indagini, durante i quali la sua identità era pian piano emersa dalle acque scure dell'indagine come l'effigie di un corpo galleggiante fra le melme di uno stagno.

Anzi, ad essere precisi, l'unico dato anagrafico, di ben poco rilievo, di cui Bezzi disponeva era il nome d'arte della professionista, corrispondente a quello ben poco augurale Morte Rossa.

Che, per altro, volendo dilettarsi con deduzioni di matrice letteraria, poteva alludere, nella sua genesi, alla predilezione della donna per autori di notevole calibro come Edgar Allan Poe, piuttosto che per la fumettistica italiana di qualità.

Di fatto, un nome fasullo ed una plausibile inclinazione di genere erano gli unici elementi (se così lì si voleva definire) presenti nello scheletrico dossier del commissario.

Per il resto, da dove provenisse, cosa facesse prima di trasformarsi nella versione secolare e prezzolata del tristo mietitore, rimaneva un assoluto, oscuro, insondabile mistero.

A nulla era valso rivoluzionare gli archivi della pubblica sicurezza, così come quelli delle altre forze dell'ordine e svolgere ricerche scomodando il Ministero dell'Interno: di quella donna giovane e bella non esisteva alcunché.

Lei era Morte Rossa.

Nel suo ruolo criminale (o sociale per alcuni: tutto dipendeva dai punti di vista) si esauriva la sua vita pubblica.

Quella privata non era disponibile.

Per nessuno.

Nemmeno per la graziosa nipotina che la aveva assoldata per rimuovere quella della nonna del novero delle esistenze terrene.

Tanto che non era stata l'ereditiera insoddisfatta a contattarla.

Bensì proprio il contrario.

In sostanza, stando al racconto della neocarcerata sterminatrice di parenti, la faccenda era andata così: ad una delle vecchie (tanto in senso sentimentale quanto anagrafico) fiamme della anziana spezza cuori, un uomo assai attempato il cui rancore, a differenza delle velleità erotiche di tempi più focosi (e non affetti da andropausa) non era andato scemando con gli anni, aveva, in confidenza, espresso il funesto proposito di sbarazzarsi di quella che si poteva, per mutuo e simpatetico sentimento di solidarietà, definire come una comune nemica.

Costui, lungi dall'esprimere anche la più contenuta delle forme di dissenso e, ancor meno, la più blanda manifestazione di scandalo, aveva invece avvallato senza riserva il lodevole intendimento della giovane ragazza che, a ben osservarla, gli risultava essere assai più bella ed affascinante della sua inqualificabile ava, ovviamente assumendo senza riserve il postulato di relatività dei giudizi etici e morali.

Fatto sta che si era impegnato a contattare una sua vecchia conoscenza la quale, in un labirintico sistema di comunicazione per successivi gradi di separazione, aveva a sua volta trasmesso quanto richiesto ad una altrettanto vecchia conoscenza e così di seguito, fino a quando qualcuno, imprecisabile, indefinibile, irrintracciabile, non aveva direttamente conferito con la micidiale killer.

La quale, appunto, la aveva contattata, ovviamente da un numero non identificabile, per stabilire le regole di ingaggio ed acquisire i dettagli necessari a portare a compimento l'incarico.

In una seconda telefonata le era stato comunicato il numero di conto corrente su cui versare, in anticipo e per intero, la somma stabilita per la prestazione.

Neanche a pensarci, ovviamente, che il conto fosse in qualche misura riconducibile ad una persona fisica reale, in quanto afferente ad una buona anima da lungo tempo traghettata oltre l'Acheronte.

Risultato finale: al povero Bezzi non era rimasto, per venirne a capo, che ricorrere a fonti non convenzionali di informazione, da identificare con solidi esponenti del crimine organizzato i quali, in cambio di alcune facilitazioni tutto sommato tollerabili, erano quantomeno riusciti a dirgli dove avrebbe potuto trovarla e a fornirgli una sommaria descrizione delle sue notevoli fattezze fisiche.

Proprio così: perché la sua vera identità era ignota pure a loro.

Ed ecco, venendo al presente, che il commissario e l'agente Baroni, peccando entrambi di superficialità ed eccessiva confidenza in se stessi (ci fosse stata Tarcisi ed i suoi avveduti consigli, forse gli eventi si sarebbero potuti evolvere in modo differente), si erano appostati sotto la sua abitazione, pronti a prodursi in un'esemplare cattura, che, invece, si era trasformata in un penoso ed inutile inseguimento, una volta che la supposta preda, con un semplice sguardo di ridente consapevolezza, li aveva squadrati ed identificati per quello che erano: due semplici (o meglio, sempliciotti, almeno nella specifica circostanza) piedipiatti, da seminare senza troppa fatica assieme ai numerosi colleghi che sarebbero stati coinvolti nell'operazione.

Con la misteriosa Morte Rossa quindi bisognava ora cominciare daccapo.

Dall'appartamento che, evidentemente, doveva essere solo una semplice base di appoggio dove fingere di risiedere, non era infatti emerso alcunché, a parte un buon numero di impronte digitali del tutto anonime nella loro totale assenza da qualsiasi database.

Quasi ci sarebbe stato da affermare che il sicario risultava essere incensurato…

Stufo di arrovellarsi senza ottenere alcun risultato, il commissario consultò l'orologio, constatando che aveva a disposizione ancora un paio di ore per svolgere le pratiche ordinarie.

Sforzandosi di reprimere la sua irritazione (scelta che lo portò a deglutire il meno possibile, cosicché il dolore non potesse fungere da voce della coscienza), vi si dedicò con lena e concentrazione.

All'ora di pranzo aveva terminato, ma decise, nonostante l'appetito, di rimanere digiuno.

Le autopsie avevano il potere di alterare seriamente i suoi processi digestivi fino ad esiti poco consoni alla sua carica.

Capitolo 12

Fu quindi un vero sollievo, una volta raggiunto l'istituto di medicina legale, venire a conoscenza del fatto che, con netto (e non comunicato) anticipo su quanto pianificato, l'autopsia era già stata bella che eseguita.

Dopo aver accettabilmente simulato un moto di riprovazione professionale, senza tuttavia tracimare in un poco credibile sdegno istituzionale, Bezzi si apprestò ad ascoltare il resoconto del medico che aveva eseguito l'esame, un uomo sulla trentina alto ed asciutto come una aringa sotto sale. L'esito apparve piuttosto sintetico.

– Plastinazione.

– Prego? – domandò il commissario dopo aver eseguito una rapida, ed assolutamente infruttuosa, ricerca negli archivi lessicali della sua memoria, nei quali il lemma non era assolutamente contemplato.

– Non ne ha mai sentito parlare?

– No.

– Eppure – ribatté il medico senza negarsi uno sguardo di superna compassione – si tratta di un procedimento piuttosto noto. Quanto meno per gli esiti culturali che ha avuto, e sta tutt'ora avendo, in tutto il mondo.

– Evidentemente non deve ricadere sotto il genere culturale di mio interesse – si schermì irritato Bezzi – e, venendo agli aspetti più strettamente scientifici, le procedure di imbalsamazione non sono mai state il mio forte. Pertanto sono onorato del privilegio di poter ascoltare il parere autorevole di un esperto in materia come lei. Per alcuni, ma non per tutti, la morte ha un fascino ed un interesse davvero enorme...

– Sarò breve, commissario, dal momento che il tempo è prezioso per entrambi. O, quantomeno, lo è sicuramente per me.

– Perfetto. Procediamo allora. – lo esortò.

– Iniziamo dalle cause del decesso.

– Suicidio?

La freddura venne debitamente ignorata.

– La ragazza è stata uccisa con un'iniezione letale di una sostanza, che non starò ad esplicitarle, che, sostanzialmente, blocca il funzionamento del cuore.

– Morte dolorosa?

– No. Semplicemente definitiva.

Questa volta toccò a Bezzi far finta di nulla, così da pareggiare la partita doppia

– Molto probabilmente è stata drogata per poterla sequestrare e, forse, anche per renderla incosciente prima di sopprimerla. Occorreranno esami più specifici per poterlo determinare con ragionevole certezza, dal momento che la morte risale ad almeno un anno fa.

– Un lasso di tempo piuttosto notevole. Ne siete certi?

– Assolutamente sì. Occorre infatti almeno un anno per completare il processo di plastinazione, cioè quello che, volente o nolente, occuperà da questo momento in poi un porzione rilevante del suo interesse.

– Prosegua.

– Si tratta di un procedimento ideato nel 1977 da un anatomopatologo tedesco e diffuso presso il grande pubblico a partire dagli anni '90.

– Grande pubblico? – domandò perplesso Bezzi, non riuscendo a comprendere come un fatto di carattere scientifico, avente per giunta come oggetto dei cadaveri, avesse potuto attirare l'attenzione delle masse.

– Precisamente. Destinata inizialmente a scopi didattici e di studio, questa forma perfetta di mummificazione ha trovato successivamente sbocchi artistici in una serie di mostre che proseguono senza sosta da oramai venti anni. Esiste un'associazione permanente che organizza queste esposizioni in giro per il mondo, e che perora, per così dire, la causa scientifica, raccogliendo donatori volontari le cui spoglie mortali, una volta passati a miglior vita, verranno messe a disposizione dell'Istituto per la Plastinazione, tutt'oggi diretto dal suo fondatore. Gli scopi di questa istituzione sono, dichiaratamente, quelli di incrementare l'istruzione anatomica presso le università e le altre istituzioni didattiche di pertinenza, così come di diffondere le conoscenze anatomiche presso il grande pubblico.

– Lodevole attività divulgativa che, immagino, avrà anche la gradita conseguenza di alimentare le casse della benemerita istituzione.

– Precisamente. Consideri, commissario che, ad oggi, esistono più di quattrocento laboratori di plastinazione presenti in ben quaranta nazioni diverse.

– Ed il numero dei donatori?

– Supera i tredicimila.

– In cosa consiste questo procedimento e per quale motivo richiede così tanto tempo?

– Noto che l'argomento inizia ad appassionarla… – osservò divertito.

– A me interessa solo far accomodare in carcere l'autore di questa enormità: soggiorno vitalizio a carico dello stato. Tutto il resto, compresa la domanda che le ho appena rivolto, è in funzione di questo – ribatté indispettito Bezzi.

– Il processo è piuttosto complesso e si articola in più fasi...

– Sono un amante della sintesi, dottore.

– Sostanzialmente, dopo essere stato imbalsamato pompando adrenalina nelle arterie, così da bloccare i processi degenerativi, e dopo aver rimosso l'acqua ed i grassi immergendolo nell'acetone, il corpo viene impregnato a forza, mediante pressione, di silicone o di altri polimeri analoghi. A questo punto, mediante l'ausilio di fili, aghi e mollette, viene disposto nella posizione che gli si vuole fare assumere. Infine viene solidificato, mediante esposizione ai raggi UV piuttosto che a gas, a seconda del polimero utilizzato. Il tutto richiede il tempo che le ho detto per essere portato a termine.

– Bene, mi è tutto chiaro. L'opera meticolosa di un omicida meticoloso, organizzato e documentato.

– Sono assolutamente d'accordo. Padroneggiare un procedimento così complesso richiede una lunga preparazione, nonché un'attrezzatura adeguata ed una buona preparazione specifica.

– Un medico?

– Non necessariamente. Ma sicuramente qualcuno che abbia potuto far pratica di anatomia.

– Quantomeno uno studente, allora.

– Precisamente.

– Perfetto: abbiamo appena ridotto il numero dei possibili sospetti, presenti esclusi si intende, a qualche decina di migliaia di individui.

Un sorriso amaro piegò le labbra di entrambi sotto il peso di quella sconfortante evidenza.

– Immagino sia tutto, almeno per il momento.

– Proprio così, commissario. Porteremo a termine, come

le accennavo, l'iter degli esami ma, mi sento di affermare, quanto di importante doveva emergere è già emerso.

– Mi tenga comunque aggiornato. – ribatté porgendogli un biglietto da visita e stringendogli la mano con un movimento secco e rapido.

Scambiata una formula di saluto, volse le spalle dirigendosi verso l'uscita.

Un compito lo attendeva in commissariato prima di tutti gli altri: la vittima non aveva ancora un nome.

A meno che non ci si accontentasse di chiamarla "la Venere di Milo".

2004

Capitolo 13

15 giugno 2004

Certo non vi sarà difficile immaginare quanto complesso ed arduo possa essere stato per me rendermi in grado di compiere tutto ciò.

Io, che ho sempre amato il mondo classico e la sua sublime creatività artistica, la sua inarrivabile qualità di pensiero, ogni manifestazione del suo immenso ed eterno valore, mi sono dovuto ridurre a dissezionare cadaveri nelle aule di anatomia, in mezzo a studenti ben più giovani di me. Avevo infatti già quarant'anni quando, facendo di necessità virtù, mi sono iscritto alla Facoltà di Medicina, sopportando per ben cinque anni quei corsi di una noia mortale, il cui oggetto è il mero funzionamento fisiologico e materiale del nostro corpo, inteso unicamente come un agglomerato funzionale di organi, ossa, muscoli e quant'altro è necessario a mantenerne coesa l'impalcatura ed il suo contenuto. Ma era un male necessario, come si suol dire: altrimenti non avrei mai e poi mai potuto dare inizio a tutto ciò. A questo memorabile monumento composito alla bellezza assoluta, a questo tributo d'amore a quanto di più meraviglioso la mano e la mente umana abbiano mai creato, nonostante le ingiurie del tempo e gli oltraggi della stupidità.

È stato lì, sui quei tavoli di acciaio livido e freddo, macchiati dall'odore nauseabondo del sangue e degli organi interni, che ho imparato a modellare la morte per ricavarne una bellezza imperitura.

Tagliavo, ricucivo, asportavo e ricollocavo.

Presto sono diventato il migliore di tutti nel compiere queste operazioni, nonostante, diversamente dagli altri, avessi a disposizione un unico braccio.

La fatica è stata immane, lo ammetto, ogni sforzo raddoppiato.

Ho dovuto praticamente escogitare un modo tutto mio di maneggiare il bisturi e gli altri strumenti chirurgici.

Ma, alla fine, ce l'ho fatta.

Ero divenuto padrone delle mie azioni.

Avevo acquisito tutte le conoscenze necessarie a poter, finalmente, inaugurare il mio laboratorio.

O, meglio, il mio atelier, come mi sembra più esatto denominarlo.

Correva l'inverno del 1994 quando decisi che ne avevo abbastanza della facoltà di medicina.

Mi misi allora subito all'opera, assetato di bellezza come un seguaio del sangue.

Non molto tempo dopo, avevo finalmente individuato la prima creatura eletta a cui sarebbe toccato in sorte l'immenso onore dell'eternità.

Ma di questo già sapete e oltre, per oggi, non mi voglio dilungare.

Fra non molto ho un appuntamento veramente importante a cui non posso arrivare impreparato.

Sono ormai trascorsi sette anni: un ciclo si è compiuto nel migliore dei modi ed è giunto il tempo di darne inizio ad un altro.

Guai a discostarsi dalla logica meravigliosa dei numeri.
Sarebbe un'offesa intollerabile verso la Bellezza che venero.

Un vento caldo soffiava insistente fin dalla prima mattina, spandendo un crepitio di arsura per l'aria secca e riarsa dalla canicola estiva.

Sotto la volta celeste madida e lattiginosa, la luce rimaneva sospesa in un biancore opalescente e senza peso, interrandosi nel respiro faticoso di afa e calore.

Pareva di respirare fette di cielo umido.

Ondeggiando spossata nel cuore del pomeriggio, la maglietta appiccicata alla pelle ed al reggiseno da un velo di sudore cupo e denso, la ragazza procedeva affannosamente sul marciapiede, i passi conficcati nell'asfalto disfatto ed appiccicoso.

Non era certo quello l'aspetto che desiderava avere per sostenere al meglio l'appuntamento a cui si stava recando. La fronte imperlata di gocce fitte e salate, i capelli, che aveva avuto la cura di lisciare a lungo con la piastra, appiccicosi e nuovamente increspati, il poco trucco applicato prossimo a dilavare, sperava di avere a disposizione qualche minuto, prima dell'arrivo dell'uomo, per operare una rapida ed incisiva azione di restauro.

Nella piccola borsa aveva, per fortuna, tutto il necessario.

Poco, invece, avrebbe potuto fare per la sua maglietta madida; d'altro canto la temperatura infernale (sempre che all'inferno facesse così caldo e ci fosse un tale livello di umidità) sarebbe stata più che sufficiente a giustificare il suo aspetto non esattamente freschissimo, in una giornata in cui il concetto di frescura risultava essere stato completamente bandito dallo statuto climatico.

C'era solo da augurarsi che non si mettesse a piovere, anche se, per il momento, il cielo risultava essere di un colore bianco opprimente, ma tendenzialmente innocuo ai fini di una precipitazione estiva di qualche rilievo.

Non distava ormai molto il luogo del ritrovo, decisamente diverso e più mondano rispetto a quello dove si erano incontrati la volta precedente, quando si erano dati appuntamento al museo Archeologico. O, a voler essere proprio esatti, alla sezione, distaccata presso le sale sotterranee del castello Sforzesco, dove erano ospitati i materiali preistorici e protostorici che la appassionavano tanto.

E che, altrettanto, appassionavano la persona che avrebbe incontrato di lì a poco.

Di questa comune inclinazione non ci sarebbe stato nulla di cui stupirsi, essendo lei una brillante specializzanda in Paletnologia e l'uomo un ex paletnologo militante (vale a dire un soggetto che, in anni più verdi, aveva trascorso sugli scavi un periodo piuttosto lungo della sua vita professionale, una volta conseguita la laurea), ritiratosi non da molto da quella attività entusiasmante ma spossante, per dedicarsi a lavoretti saltuari, meno gratificanti ma più idonei alle sue cinquantacinque primavere.

Senza calcolare che, oltretutto, la mancanza di un braccio non aveva certo dovuto alleviarne la fatica e mitigarne il livello di usura durante gli anni trascorsi chino sulla terra, sul fango e, col freddo, anche sulla neve e sul ghiaccio, intento a scorticare senza sosta la superficie terrestre in cerca di frammenti remoti di esistenze scomparse da alcuni millenni.

Lei stessa, che di anni ne aveva appena ventiquattro (era stata davvero un fulmine a laurearsi, a pieni voti, con una sessione di anticipo), e che di campagne di scavo ne aveva alle spalle ancora ben poche, aveva avuto modo di sperimentare, ripetutamente, un senso di spossatezza incontenibile, dopo dieci ore di lavoro incessante ed intenso.

Ciò nonostante, l'uomo manteneva ancora un aspetto vigoroso ed un fisico robusto e muscoloso che donavano alla sua età un fascino particolare, come una sorta di fiamma giovanile nell'involucro coriaceo degli anni.

Anche i lineamenti del volto sembravano essere subordinati ad un doppio registro somatico, dove al disegno delle rughe ed ai capelli ormai scoloriti (sopravvivevano solo radi filamenti neri nella trama bianca, comunque ancora folta), facevano da contrappunto due occhi dallo scintillio inquieto e mobile ed una mimica immediata e spontanea.

L'impressione generale era quella di una saggezza temperata da una vitalità inconsunta.

Che, nonostante la notevole, quasi improponibile, differenza anagrafica, quell'uomo le piacesse, era un fatto assolutamente fuori di dubbio.

C'era qualcosa, nella cifra singolare del suo essere, che la attirava con un magnetismo assoluto: tanto intellettuale quanto animale.

Anche la sua menomazione, inaspettatamente, sembrava aggiungere, più che togliere, qualcosa alla sua integrità. Insomma, per farla breve, nutriva grandi aspettative da quel secondo appuntamento fuori dai confini universitari, che presentì foriero di una esperienza affatto nuova nella sua esistenza sentimentale.

Infastidita dalla piattezza lattiginosa dell'orizzonte, che pareva costringere lo sguardo ad un moto incessante lungo le linee di fuga delle strade per ritrovare una qualche profondità nello spazio divorato dall'afa, affrettò il passo.

Una vampata di calore intenso si sprigionò dal suo corpo, facendola sudare ancora più copiosamente.

Con un gesto rapido e noncurante si annusò entrambe le ascelle, constatando felicemente che l'abbondante dose di deodorante di marca, che vi aveva disteso prima di uscire di casa, resisteva senza particolari segni di cedimento alle sue secrezioni.

Nel complesso, se tanto le condizioni esterne quanto quelle del suo corpo si fossero mantenute inalterate, sarebbe stata più che presentabile al momento in cui lo avrebbe incontrato.

Era sua intenzione cercare di sedurlo con discrezione, attraverso una progressione quasi impalpabile di allusioni corporee e di erosione delle distanze socialmente attese da un livello di confidenza ancora agli stadi iniziali.

La eccitava immensamente l'idea di riuscire, in qualche misura, a esercitare il controllo su un uomo decisamente maturo e ben lontano dal manifestare atteggiamenti superficiali da scadente playboy.

Il suo fascino inafferrabile aveva il potere di risvegliare i suoi sensi, innescando istinti predatorii che mai avrebbe pensato di possedere.

Non che, nelle relazioni avute in precedenza, non avesse regolarmente condotto lei il gioco del corteggiamento. Ma si era sempre trattato di un confronto, per così dire, di tipo completamente diverso da quello a cui stava per dare inizio.

Più anziani o più giovani che fossero, senza che la differenza di età superasse comunque i cinque, massimo sette anni, le sue controparti si erano sempre rivelate piuttosto ordinarie, alcune addirittura evanescenti, una volta approfondita la conoscenza oltre le fasi iniziali.

Questa volta, invece, tutto era, o quantomeno sembrava, differente.

La delicata sicurezza di quell'uomo, la sua solidità polimorfica, la sua giovanile maturità, creavano una coreografia unica, un caleidoscopio vibrante come una fiamma, di cui era sua ferma intenzione apprendere il modo per dominarla, così da potervisi gettare in mezzo e prendere fuoco, senza correre il rischio di bruciarsi.

Una sfida entusiasmante per la sua inesperta giovinezza.

Un obiettivo che sentiva, nonostante tutto, alla sua portata.

Una perla da incastonare nel rosario delle sue conquiste.

Una preda difficile, da imprigionare con l'illusione di poter scegliere liberamente di essere conquistata.

E, nondimeno, un uomo che le piaceva non poco.

Eccola che sbucava dalla linea di fuga della via alberata, spinta verso una maggiore altezza dall'accorciarsi della prospettiva, man mano che, con il passo pieno e leggiadro della sua giovane età, si avvicinava al luogo dell'incontro. L'uomo si era appostato dietro uno degli alberi inchiodati a distanza regolare lungo il viale pedonale.

Il pavé disconnesso dagli anni e dall'usura restituiva un suono monco ai passi dei passanti, con sfumature più marziali, se sulla superficie battevano tacchi da donna o scarpe di cuoio da uomo, piuttosto che un tambureggiare afono se erano scarpe con la suola piatta e di gomma a percorrere, con più o meno fretta, le macchie di luce e ombra.

Quelli della ragazza producevano un bel rintocco sonoro, grazie ad un paio di décolleté nere, dal tacco alto e diritto, non eccessivamente sottile.

Le gambe, sode, lisce e leggermente abbronzate si staglia-
vano imponenti e nude fino alla prima parte delle cosce,
dove una minigonna a plissé, anch'essa nera, le avvolgeva in
una curva vaporosa e mobile, quasi animata dai piccoli sobbalzi prodotti dal suo incedere. Una semplice T-shirt bianca,
senza alcuna scritta o motivo, le fasciava il busto e le spalle,
sbalzando nello spazio due seni non enormi, ma compatti e
proporzionati, per quanto leggermente distanti fra loro.

La sua bellezza era incontestabile, anche se, per modellarla
nella giusta forma, si sarebbe dovuto dare un bel da fare,
una volta che la ragazza fosse stata "pronta".

Tanto per cominciare quei capelli lunghi e lisci non facevano proprio al caso suo: ben altra acconciatura avrebbero dovuto assumere, che fosse adatta ad un essere così sublime.

Le spalle avrebbero senza dubbio richiesto di essere spinte un po' indietro, a compensare la postura un po' troppo
trasandata.

Le mani avrebbero avuto bisogno di un lungo e paziente
lavoro di abbellimento, pur essendo perfettamente propor-
zionate, per cancellare i segni coriacei lasciati dagli scavi a
cui aveva preso parte durante l'anno.

Ma, come sempre, tutto ciò non costituiva che una trascurabile attività di contorno e ritocco, il cui successo era
garantito dalla perfetta somiglianza del volto.

Ancora una volta non poté che auto complimentarsi per
la pazienza e la tenace dedizione con le quali aveva saputo
proseguire la sua ricerca fino a trovare l'unico vero e perfetto esemplare che presentasse le giuste caratteristiche.
Mantenendo sul volto il sorriso che aveva rivolto a se stesso,
sbucò finalmente da dietro l'albero sventolando il suo unico
braccio in segno di saluto.

Capitolo 14

– Scusa, credo di essere in ritardo – lo blandì la ragazza dopo averlo salutato con un canonico bacio su entrambe le guance. Aveva addosso un buon profumo, fresco e deciso, dalla fragranza mascolina, anche se non eccessivamente aggressiva. Un profumo diverso da quello che aveva percepito l'ultima volta che si erano incontrati, circa una settimana prima, presso un convegno dedicato all'età del rame (argomento in sé molto vasto, opportunamente ridotto ad alcuni aspetti rilevanti, per lo più attinenti alle innovazioni tecnologiche proprie del calcolitico).

Un vezzo più femminile che maschile, che tuttavia non stonava in alcun modo in quell'uomo piacevolmente inafferrabile. Meno piacevole, e di misteriosa origine, risultava invece essere una specie di retrogusto che sembrava traspirare, sottile ed incessante, dalla sua epidermide. Un effluvio amarognolo e sintetico, persistentemente asettico, depositato nelle fondamenta delle sue emanazioni olfattive come una pellicola invisibile. Inesperta di odori chimici, non era mai riuscita ad individuarne l'origine e, dopo breve tempo, aveva smesso di farci caso, anche se, istintivamente, continuava a provare un certo fastidio ogni volta che ne inalava l'essenza.

– Non ti preoccupare, – gli rispose in tono rassicurante ed indulgente l'uomo – non si tratta che di qualche minuto. E ti assicuro che non mi sono annoiato né tanto meno risentito. – proseguì con un sorriso benevolmente ironico.

– D'accordo. – ribatté la ragazza con un senso di sollievo, non potendo reprimere il moto di soggezione un po' reverenziale che scaturiva spontaneo dalla notevole differenza di età intercorrente fra i due – dove vogliamo andare? Hai in mente un posto in particolare? Con la preghiera, qualunque sia il locale che hai scelto, che abbia l'aria condizionata. Questo caldo appiccicoso è davvero insopportabile. Ci fosse almeno un po' di sole, forse circolerebbe qualche metro cubo di aria in più. Ma, sotto questa cappa soffocante... – non terminò la frase, limitandosi a sventolarsi civettuolamente il volto con entrambe le mani. Confidava che, grazie a quella contenuta turbolenza, qualche particella del suo profumo avrebbe raggiunto le narici dell'uomo, solleticandone di conseguenza i sensi. Per esserne maggiormente certa, una volta che si furono avviati lungo il viale, gli si accostò fino a sfiorarne l'unico braccio, al quale si appoggiò inscenando una provvidenziale instabilità sui tacchi.

La reazione fu quella che aveva sperato: con disinvolta cavalleria venne presa a braccetto.

Il calore dei loro corpi, accostati fino all'altezza delle spalle, emanava una umidità piacevolmente erotica, un'intimità poco più che accennata eppure densa ed avvolgente.

Con assoluta naturalezza sincronizzarono il passo, procedendo come un'unica ombra, seppure ci fosse stato qualche raggio di sole a stagliarla sul pavé.

– Andiamo in un posto molto carino. Abbastanza sofisticato, ma senza eccessi. Insomma – aggiunse con un sorriso lieve e sincero – un locale che credo rispecchi perfettamente il tuo stile di oggi.

La squadrò rapidamente, dalla testa alla punta dei décolleté, per sottolineare che l'osservazione era riferita al suo abbigliamento.

Decisamente compiaciuta, tanto del complimento quanto dell'effetto che riteneva di aver ottenuto, ricambiò il sorriso inclinando lievemente il collo, quanto bastava a mettere in evidenza la curva sinuosa delle labbra.

Procedevano senza fretta, così che l'afa non li avvilisse eccessivamente e, soprattutto, affinché quel contatto, caldo ed allusivo, cessasse il più tardi possibile.

– Hai intenzione di concederti un po' di vacanza quest'anno? – le domandò mentre attendevano che il semaforo li beneficiasse della luce verde.

– Non so ancora… vorrei ma, come sai anche tu, l'estate è il periodo più adatto per l'attività di scavo… – Già: abbondante manodopera studentesca da sfruttare a titolo assolutamente gratuito. Ho ben presente quanto sia profittevole utilizzarla.

– D'altro canto, sono loro che si offrono volontari, esattamente come ho fatto io quando ero nelle loro condizioni. Anzi, ho dovuto quasi supplicare il mio docente di concedermi il privilegio di prendere parte ad uno scavo, provvedendo a mie spese vitto e alloggio…

– Fatto sta – la interruppe volgendo il volto verso il suo, cosicché le sue labbra vennero a trovarsi a pochi centimetri dalla guancia della ragazza – che, se verso fine luglio sarai libera, potresti trascorrere qualche giorno da me. Ho una bella casetta a Zoagli. Niente di eccezionale: due stanze, un salottino ed una piccola cucina. Però è vicina al mare, nella parte bassa del paese. E, dalla finestra del salotto, la sera, la luce del tramonto penetra nella stanza con la morbidezza vellutata di una pesca…

Rimase colpita da quell'immagine, delicata e sensuale ad un tempo.

Si domandò se si trattasse di un dato visivo presente da lungo tempo nella memoria dell'uomo o se la avesse confezionata in quel momento appositamente per lei, esprimendo così un'intenzione o una predisposizione concreta e velata, come le parole che avevano descritto quel tramonto.

Sperando, e già un po' confidando, che la risposta corretta fosse la seconda delle due, ruotò a sua volta il viso verso sinistra, dimodoché le sue labbra poterono guardare direttamente quelle dell'uomo, di cui percepiva ora chiaramente l'alito profumato e fresco.

– Adoro il mare nell'ora del tramonto: dall'acqua sale una brezza salmastra odorosa ed eccitante...

Un cenno di assenso portò il naso dell'uomo a sfiorare quello, sottile ed aggraziato, della ragazza. Trascorse un breve attimo di silenzio prima che questa proseguisse

– Però, non saprei dirti adesso. Non so ancora come sarò organizzata per quel periodo: non è improbabile che abbia qualche campagna a cui partecipare e poi, forse, ho già un mezzo impegno...

Non terminò volutamente la frase, lasciando nell'indeterminatezza il contesto.

Il braccio dell'uomo si strinse un po' più forte contro la sua mano, spingendola ad aderire alle costato magro e muscoloso.

Il suo volto, invece, non accennò al minimo movimento, rimanendo fisso in quello di lei.

Non cessò di sorridere, ma un corruccio increspò il suo sguardo, prima di immergersi nuovamente sotto la superficie dei suoi modi sicuri ed autosufficienti.

Era sulla buona strada, non c'era dubbio. La preda stava reagendo come aveva sperato. Confidava, con sufficiente ragionevolezza, di poter dare presto forma concreta a quel confronto chiaroscurale.

Quando lei lo avesse stabilito, presto o tardi nel corso di quella giornata, il passo in avanti sarebbe stato compiuto.

Ma aveva tempo, fino al momento opportuno, di portare a termine qualche altro esperimento di magnetismo.

Il locale possedeva in effetti un'eleganza parsimoniosa e misurata, scandita dalle linee asciutte e regolari del mobilio, ben disposto nello spazio circostante. Tavolini dalla composta ortogonalità, alcuni quadrati altri rettangolari, si alternavano in un ordine apparentemente casuale, lasciando sempre un vuoto sufficiente affinché sia il passaggio dei clienti sia quello del personale potesse avvenire in modo agevole, senza perturbare l'intimità, o quanto meno il raccoglimento, degli avventori.

La luce risultava tenue, grazie alla solida schermatura esercitata dagli spessi tendoni affacciati alle vetrine. Un senso di fresco piacevole pareva promanare da quello spazio ombroso e non troppo rumoroso (pochi avventori, avvolti da una musica discreta, tanto per il volume al quale veniva suonata, quanto per i brani selezionati), sul quale spirava, lieve e delizioso, il soffio fresco ed asciutto di un impianto di condizionamento, silenzioso ed encomiabilmente efficiente.

Grata di quella pausa dal caldo insopportabile appiccicato dietro la porta di ingresso, la ragazza seguì l'uomo ad un tavolino quadrato, minuto ma non claustrofobico, posto vicino ad una delle due vetrine di cui si componeva il lato prospiciente la strada.

Come si era aspettata, l'uomo attese che avesse preso posto, prima di sedersi a sua volta.

– Mi posso permettere un consiglio? – le domandò tenendo sospesa a mezz'aria una copia del menù, quasi si sentisse in dovere di dissuaderla da una lunga ed infruttuosa analisi delle bevande disponibili.

– Ma certamente, – gli rispose lei accomodandosi meglio sulla sedia, operazione che le consentì di sfiorare con il ginocchio quello dell'uomo, che non accennò a spostarlo – i suggerimenti sono sempre i benvenuti. Purché non si indirizzino verso bibite alcoliche, che il mio metabolismo non è normalmente in grado di reggere, ancor meno con questo caldo. Non vorrei mai che, una volta all'aperto, mi trovassi a collassare sul marciapiede. – in realtà intendeva semplicemente mantenersi perfettamente lucida, così da poter condurre con la massima maestria la sua danza di seduzione.

– Non era infatti mia intenzione – le rispose lui riponendo con un gesto leggero il menù sul tavolo e facendo scivolare la punta delle sue dita in avanti, fino a sfiorare le sue, pur senza toccarle veramente. Come se un gesto distratto, sovrappensiero, le avesse spinte in quella direzione – suggerirti alcunché di alcolico. Volevo invece proporti il frullato di kiwi e menta. Pare sia la specialità della casa.

– Pare? – domandò la ragazza interdetta – credevo mi avessi portato in un locale che già conosci. Qualcosa del tipo "il mio angolo preferito" o simili…

– In realtà no. Non sono un grande habitué dei locali in genere, – le rispose riflettendo fra sé che per nessun motivo al mondo la avrebbe portata in un luogo in cui il suo volto e la sua identità potessero essere noti a qualcuno – ma di questo ho sentito parlare molto bene. Mi sono inoltre documentato e, pur senza averlo sperimentato direttamente, ho ritenuto potesse essere di tuo gradimento. Altrettanto vale per il frullato che ti ho suggerito. – concluse con uno sguardo un po' ansioso che, forse, manifestava il timore di aver deluso le sue aspettative o, più semplicemente, disatteso i suoi cliché.

Provò una strana sensazione di fronte a quella reazione: un misto di docile tenerezza ed ebbrezza di dominio. Un cocktail delizioso che la spinse a far scivolare leggermente il suo ginocchio verso l'inizio della coscia interna dell'uomo. Ancora una volta questi non si mosse di un millimetro.

– Benissimo: vada per il frullato di kiwi e menta. Sono certa che sarà delizioso, oltre che molto dissetante. Provvidero ad ordinare richiamando l'attenzione di un cameriere che stava transitando nei paraggi, diretto verso la cucina.

L'uomo prese il medesimo drink.

La conversazione procedette, per circa un paio di ore, con tono lieve e gradevole, man mano che, al primo giro di drink, ne seguirono altri due, sempre nel segno dell'assenza di alcool.

Ogni tanto, qualche istante prolungato di silenzio veniva a creare una pausa densa eppure assolutamente gradevole e per nulla imbarazzante. Sequenze di attimi durante i quali la parola cedeva il posto a sguardi intensi e fuggevoli, sul crinale fra la timidezza e l'intenzione, ed al gioco, ogni volta un po' più aperto, degli sfioramenti fisici.

Il pomeriggio volgeva ormai al termine quando decisero di affrontare nuovamente la calura esterna.

L'afa non aveva ceduto di un passo, spalmata come una vernice sudicia e soffocante nel plumbeo livido del cielo.

Una tonalità più scura annunciava la sera imminente, che sarebbe scolorata lentamente nella notte, senza lasciar intravedere né il sole né la luna, ma solo un velo compatto di nubi destinato a spegnersi poco a poco.

Camminavano senza una apparente meta, puntando diritto verso la porzione di orizzonte che gli si parava contro. Il passo lento, disperso nello spazio e senza una vera intenzione.

Una semplice scusa a cui affidare le loro mani, strette una nell'altra, le dita intrecciate in un nodo palpitante, gli avambracci a contatto fino all'altezza del gomito.

Adesso il silenzio era totale, non contaminato da alcuna parola che, in alcun modo, avrebbe potuto esprimere lo stato emozionale della ragazza, oscillante fra un desiderio che ora si era fatto quasi impellente, ed una voluttà vaporosa di rimandare fino all'ultimo istante possibile il momento in cui le sue labbra avrebbero incontrato quelle dell'uomo.

Piacevolmente stordita da quella condizione di sospensione, ne assecondava i passi, lanciandogli di frequente occhiate sorridenti ed affacciate nel contempo verso una serena serietà.

Il caldo impietoso la lasciava indifferente, come lo spirare del vento in una posa fotografica.

Le sue scarpe affondavano incuranti nell'asfalto semi sfatto.

Quando, svoltati in un angolo poco luminoso ed appartato, vide un furgone parcheggiato nell'ombra, seppe che era finalmente arrivato il momento di stringere i lacci attorno alla sua preda, che, tuttavia, ora non riusciva più a considerare tale.

Davanti all'automezzo che sapeva appartenere all'uomo (gliene aveva parlato lui stesso, vantandosi della sua estrema praticità quando si trattava di trasportare materiale ingombrante), avrebbe infatti finalmente dato inizio alla loro relazione.

Il tempo dei preamboli era terminato, evaporando di fronte al calore del suo desiderio ed all'intensità di un impulso dell'animo ancora non ben definito.

Ecco che, finalmente, di fronte al portellone posteriore, l'uomo l'aveva attirata dolcemente a sé, accostando con leggerezza le labbra alle sue.

Avvinto dall'abbraccio della ragazza attorno al suo collo, aveva lasciato cadere la sua mano dalla spalla di lei la cui lingua, con vibrante impazienza, cercava ora di penetrare lo spazio che la sperava dalla sua.

Anche per lui, finalmente, il momento era giunto. Approfittando della rapita concentrazione della sua ormai prossima opera, tutta intenta a dare sostanza al primo bacio, estrasse con fulminea efficienza uno stiletto lungo ed affusolato dalla tasca posteriore dei pantaloni, dove giaceva discreto ed invisibile.

Per ottenere il miglior risultato possibile, dischiuse leggermente le labbra, concedendo alla lingua della ragazza un insignificante passo avanti verso le sue arcate dentarie, saldamente sovrapposte una sull'altra.

Quando, infine, i suoi occhi si aprirono in un gesto di attonito stupore di fronte a quell'imprevisto ostacolo, la sua mano scattò diritta verso il seno sinistro, conficcando la lama acuminata diritta nel cuore.

Lo sguardo nel suo, vide quello della donna affievolirsi come una fiamma di candela: senza resistenza, senza alcun rumore, tutto d'un tratto.

Provò, per la prima volta, un senso di eccitazione prossimo all'onnipotenza.

Era riuscito a spegnere la sua vittima con la delicatezza di un angelo.

2014

Capitolo 15

Certamente l'arte della copia costituiva una pratica connaturata, in un certo senso, alla scultura greca, tanto classica, quanto ellenistica. Fin dall'epoca romana infatti i capolavori del mondo ellenico erano stati riprodotti, a vari livelli di fedeltà e maestria, dal singolo pezzo all'altezza dell'originale alla produzione industriale e dozzinale, per andare ad abbellire nobili magioni con consistenti pretese intellettuali, piuttosto che luoghi pubblici, laici o religiosi che fossero.

Manifestazione materiale di una cultura del dominio che sapeva riconoscere il valore, non solo artistico, ma anche culturale e, soprattutto, sociale, del più elevato patrimonio allora disponibile in tutto il bacino del Mediterraneo, o, per lo meno, ritenuto tale.

Pur tuttavia, per quanto, non infrequentemente, gli originali subissero una sostanziale mutazione di materia nel passaggio alla versione replicata, tale per cui opere in metallo venivano riprodotte utilizzando la pietra, piuttosto che il contrario, nessuno scultore dell'evo antico, bronzista o marmista che fosse, aveva mai avuto la geniale idea di dilettarsi con opere in carne ed ossa.

O, quantomeno, nessuna attestazione materiale lo lasciava credere.

Di mummie ve ne erano in abbondanza, senza ombra di dubbio.

Esseri umani, o, più precisamente, cadaveri, apparecchiati al meglio per la loro vita ultraterrena, a volte accompagnati da animali, per lo più, ma non sempre, domestici.

Ma si trattava, appunto, di riti funebri esercitati a fini, più o meno, spirituali.

Di serial killer maniaci all'ultimo stadio, il mondo antico non pareva averne conosciuto, stando almeno alle fonti, scritte, iconografiche e di qualsiasi altro genere, che avrebbero potuto fornirne attestazione

.Certo nulla si poteva escludere a priori ma...certe forme di svago omicida sembravano essere proprie dei tempi moderni e contemporanei.

Agli antichi doveva essere più che sufficiente il livello medio (ed assai elevato) di violenza che costellava l'esistenza quotidiana, nonché i capricci letali di tiranni, imperatori ed in genere detentori di un potere non assoggettato ad una forma superiore di autorità.

Insomma, per farla breve, un serial killer richiede la presenza di una società il cui livello giuridico, istituzionale ed etico ne preveda la riconoscibilità e la punibilità.

Quindi, rifletté Bezzi dando termine alle sue argute elucubrazioni, l'assassino che stava cercando doveva avere motivi del tutto personali, e ben poco storici, per aver commesso quella bizzarra atrocità.

Tale constatazione non risultava ovviamente, almeno a quello stadio, di alcuna utilità per indirizzare le indagini.

Maggior fortuna aveva invece avuto il commissario con l'identificazione della vittima, a cui fu meno difficile del previsto restituire il suo nome di essere mortale trasformato in pregevole replica scultorea.

Sostanzialmente la faccenda si era risolta andando a circoscrivere (compito del quale si era impagabilmente occupato l'agente Robecchi) le giovani fanciulle risultate scomparse da circa un anno.

Per maggior sicurezza, era stato preso in esame il periodo compreso fra gennaio e giugno 2013, non essendo possibile, stando a quanto affermato dal medico che aveva eseguito l'autopsia, considerare un intervallo di tempo inferiore.

Per buona sorte, se così si poteva dire, l'elenco di potenziali individui in possesso delle giuste caratteristiche (donna, giovane) si limitava ad un unico caso, ovviamente corrispondente al nome e cognome della vittima.

Vale a dire Giovanna Sinta, di anni ventidue, residente (o, più precisamente, solita un tempo risiedere) a Cologno Monzese in via delle Ginestre, nome la cui evocatività primaverile risultava in quel momento quanto mai fuori luogo.

La scomparsa era avvenuta esattamente un anno prima rispetto al giorno del ritrovamento, in condizioni non meglio specificate ed ancor meno specificabili.

La vittima era uscita di casa, il 17 giugno 2013, per non farvi mai più ritorno, se non come mera spoglia mortale. Come ciò fosse precisamente accaduto era e restava un assoluto mistero.

Nell'ultimo giorno della sua esistenza, la giovane e bella Giovanna aveva varcato la soglia di casa alle 11 del mattino, riferendo a sua madre (il padre si trovava in ufficio a quell'ora) che doveva sbrigare alcune faccende. Niente di straordinario invero, trattandosi in realtà di acquisti dell'ultima ora, in previsione delle ormai imminenti vacanze estive. Ad essere proprio sinceri, erano imminenti fino ad un certo punto, dal momento che, fra la condizione presente e quella agognata di assoluto ozio sul litorale di qualche spiaggia domestica, si interponeva la sessione estiva degli esami, che avrebbe avuto luogo in luglio. La ragazza era infatti iscritta al terzo anno della facoltà di Lingue e Letterature Straniere dell'Università degli Studi di

Milano, che frequentava con ottimo profitto e perfettamente in corso.

In sintesi e per sommi capi, la sua pareva essere un'esistenza del tutto normale.

Allo studio si aggiungeva infatti l'abituale corollario della vita di una giovane fanciulla, composto dall'ordinario insieme di amicizie, hobby (le piaceva molto cucinare e frequentava spesso corsi a tema), e tempo libero di vario assortimento.

Nulla insomma che potesse destare anche il minimo sospetto, stando almeno a quanto emerso dai numerosi interrogatori a cui erano stati sottoposti genitori, parenti, familiari, amici e conoscenti.

Nessuno di loro aveva saputo spiegarsi come potesse essere sparita nel nulla.

Tutti invece, compresi il padre e la madre, avevano subito pensato al peggio.

Da Giovanna non c'erano infatti da attendersi colpi di testa di alcun genere. Se qualcosa le era accaduto dunque, e sul fatto che le fosse accaduto qualcosa non ci furono più dubbi una volta trascorso un numero rilevante di settimane dal giorno della scomparsa, non doveva essere stato per causa sua.

Non in modo diretto almeno.

Da lì ad immaginare qualche atto indicibile da parte di qualche essere disumano, il passo fu piuttosto breve e, purtroppo, assai agevole.

La telefonata del commissario alla signora Sinta (aveva infatti risposto lei all'apparecchio) non fece dunque che ratificare e suggellare quanto era stato funestamente pronosticato.

Ma questa tragica e definitiva conclusione, una lastra cinerea sulle sempre più fievoli ed insostenibili speranze nutrite dai genitori della vittima, non costituiva che un punto di partenza per i doveri del commissario Bezzi.

E, a dispetto delle apparenze, gli spunti di indagine emersi si erano rivelati tutt'altro che inconsistenti, quanto meno dopo aver svolto una breve e proficua interrogazione al database della Polizia di Stato, che aveva subito messo in evidenza come quello appena occorso non costituisse per nulla un caso né isolato, né, tantomeno, unico.

Ciò che infatti era emerso con la massima ed inattaccabile chiarezza, era che Giovanna Sinta costituiva l'anello numero cinque di una morbosa e sanguinaria collana che qualcuno aveva iniziato ad intrecciare nell'ormai lontano 1994.

Omicidi del tutto identici, "coronati" dall'esposizione delle vittime presso i parchi cittadini, dopo esser state debitamente plastinate ed acconciate in pose artistiche quanto mai esplicite e perfettamente riconoscibili.

Aveva dato inizio a quell'assurda collezione scultorea una ragazza, rinvenuta nello spiazzo prospiciente la Triennale. Una perfetta riproduzione della Kore 679, come era stato acclarato da chi aveva curato le indagini. Che ovviamente si erano concluse con la mancata identificazione dell'assassino.

Nel corso degli anni si erano succeduti:

– un ragazzo, ritrovato nel 1997 presso i Giardini della Guastalla, riproducente il Kouros di Aristodemo

una ragazza, ritrovata nel 2004 nei giardini di Villa Reale, versione rediviva (considerando la faccenda con la dovuta dose di sarcasmo macabro) dell'Atena Lemnia

– infine, un ragazzo, mirabile incarnazione (sempre facendo ricorso al sarcasmo appena utilizzato per la vittima precedente), del Diadumeno, ritrovato nel 2007 al centro del Parco Solari. Tutte giovani vite fra i diciotto ed i venticinque anni di età, frequentanti, tranne la seconda vittima, l'università. Uccisi ed esposti secondo intervalli che sembravano riflettere uno schema preciso.

Materiale abbondante e cospicuo per le meningi del commissario, che si misero subito ad analizzare gli elementi disponibili con la massima concentrazione: nel più breve tempo possibile intendeva tracciare quanto meno le linee generali di quel reiterato rituale di morte ed ostentazione.

Capitolo 16

19 Giugno 2014

Non posso davvero non ritenermi soddisfatto della mia quinta opera.

Un ulteriore passo avanti che mi avvicina alla conclusione del mio grandioso progetto.

Certo occorre avere pazienza ed attendere sereni il lento e regolare volgere del tempo, senza voler forzare gli eventi oltre la loro perfetta cornice.

Tuttavia, devo confessare di sentirmi un po' stanco, anche se certamente non meno determinato.

Ormai ho compiuto sessantacinque primavere e, per quanto la volontà non si sia affievolita minimamente, le forze, e mi riferisco a quelle meramente fisiche, mi stanno pian piano abbandonando.

Ho muscoli ancora turgidi, che esercito con cura ogni giorno nei modi più svariati; corro costantemente, almeno cinquanta chilometri a settimana, per mantenere cuore e polmoni allenati ed in grado di reggere uno sforzo intenso; pratico con regolarità, nel segreto delle mie quattro mura, il kyusho jitsu per poter sopraffare chiunque con il minimo sforzo. Eppure, ogni giorno che passa, mi sento sempre più distante dall'uomo vigoroso che ero a quarantacinque ed anche a cinquanta anni. Sono i riflessi e la prontezza all'azione in generale che si stanno assottigliando sempre di più, fino al punto in cui, temo, scompariranno quasi del tutto. È come se il motore del mio corpo, pur avendo ancora tutti i singoli componenti in perfetto ordine, difettasse nel loro funzionamento complessivo, quasi che le candele di accensione perdessero sempre più di frequente la scintilla, ticchettando a vuoto. Questo, lo ammetto, mi spaventa perché, per quanto prossima al compimento, la mia opera non è ancora terminata.

Prendiamo ad esempio la ragazza che, dopo un anno di accurato trattamento nel mio laboratorio, ho finalmente esposto, due giorni orsono, nel parco più sensuale di Milano; degna cornice della statua conturbante che con lei ho voluto rappresentare.

Ebbene, senza voler fare alcuna considerazione sessista, si trattava, per l'appunto, di una ragazza.

Certo, giovane e nel pieno delle sue forze e del suo vigore, della sua energia vitale. Ma pur sempre una ragazza: vale a dire un essere meno forte e prestante del sottoscritto, nonostante la notevole differenza di età.

Resta inteso che, se si fosse trattato di una giovane sportiva (come la mia prima opera) o magari di un'esperta di qualche arte marziale piuttosto che di autodifesa, la faccenda sarebbe stata ben più complicata del previsto.

Per fortuna, avendo il solo hobby della cucina, mi è risultato facile, una volta individuatala fra gli studenti meglio dotati del suo corso di facoltà e dopo il necessario periodo di analisi e pianificazione dell'azione, sopraffarla mentre usciva di casa diretta non so neanche dove.

Era da qualche giorno che me ne stavo appostato con il mio furgoncino fuori dal palazzo in cui abitava, attendendo il momento e l'occasione propizia. Che, infine, è arrivata il 17 giugno dello scorso anno. Quella mattina, quando la ragazza si è avviata verso la stazione della metropolitana, compiendo come da abitudine il percorso a piedi, nessuno, forse a causa del caldo intenso di quella giornata, si trovava per strada.

È stato dunque facile gioco avvicinarla con il pretesto di richiederle un'informazione viaria e stordirla con poche precise mosse che l'hanno spedita rapidamente nel mondo dell'incoscienza.

Il resto, lo posso ormai affermare con consapevolezza dopo aver ripetuto la procedura altre quattro volte, è stata pura routine: trasportarla a casa mia, dipartirla da questa esistenza e, infine, trasformarla nel Bello.

Ma il prossimo ad essere immolato alla causa della Bellezza sarà un ragazzo, anche se ancora ne ignoro l'identità specifica, pure lui giovane e quindi forte e vigoroso. E sarà impresa ben più difficile riuscire ad avere ragione di un esemplare maschile che, tendenzialmente, avrà circa un quarto dei miei anni... Se penso alla fatica che ho fatto con il giovane che, nel 2007, ho gloriosamente trasformato nel Diadumeno di Policleto, quasi mi viene da disperare di riuscire di nuovo, non pochi anni dopo, ad avere la meglio su un fisico muscoloso ed atletico (diversamente, come avrebbero potuto divenire le mie opere se non avessero avuto un corpo all'altezza? Io ricreo antiche statue eroiche o divine, non semplici mortali rachitici e sfibrati).

E dire che lo avevo stordito a dovere, con un colpo preciso come una puntura alla base del collo, ma, al posto che rimanere privo di sensi per qualche minuto, così da consentirmi di caricarlo nel furgone e sedarlo con l'iniezione che avevo preparato, si è ripreso subito, costringendomi ad un vero e proprio scontro fisico nel quale ho avuto la meglio solo grazie alle mie conoscenze ed alla mia pratica marziale. Diversamente, il giovane ed aitante studente di Letteratura Moderna mi avrebbe conciato per le feste e...addio Diadumeno e tutto il resto.

Fortunatamente non è andata così e anche lui si è trasformato in un capolavoro che ho scelto di esporre al parco Solari.

Comunque il passato è passato e, per quanto riguarda il presente, mi posso finalmente concedere una lunga pausa dalle mie fatiche di artista.

Leggendo la stampa, ho notato con immenso piacere che si è tornati a parlare di me.

Ciò che mi angustia invece è di essere dipinto come un mostro, uno squallido omicida.

Possibile che nessuno abbia ancora compreso l'altissimo valore del mio agire?

Eppure tutte le mie opere sono state identificate e riconosciute.

Come può essere che la cecità umana si spinga fino al punto di contemplare queste testimonianze di amore per il bello una ad una, isolate e senza alcun contatto, senza cogliere il meraviglioso disegno di insieme, il suo schema purissimo e, soprattutto, il sublime fine verso cui tendono?

Un genio visionario come me degradato a semplice operatore del male...

Ma verrà il giorno in cui questa ottusa umanità godrà del beneficio immeritato della chiarezza.

Al termine della mia opera, provvederò io stesso a disvelare l'arcano del mio progetto, dal momento che nessuno, fino ad ora, se ne è rivelato all'altezza.

Capitolo 17

– Commissario è arrivata una lettera per lei. – annunciò Robecchi dopo aver bussato alla porta, spalancata, dell'ufficio di Bezzi.

– Lo dici come se la cosa ti stupisse. Ti sembra un fatto così insolito?

– In teoria non dovrebbe, – convenne l'agente – tuttavia, la presente busta contiene alcune peculiarità che rendono il tutto un po' fuori dall'ordinario.

– Dammi prova delle tue abilità deduttive, – lo schernì il commissario che ben conosceva ed apprezzava le capacità analitiche del suo collaboratore. Un agente di grande valore ed utilità quando si trattava passare al setaccio, con la ragionevole certezza di non lasciar trapelare alcunché, dati ed ipotesi creando un disegno coerente, ordinato e comprensibile. Un cervello di prim'ordine insomma, in una temperamento poco incline all'azione pura, che invece costituiva il territorio di elezione di Baroni. Due agenti complementari, la cui sintesi sembrava proprio essere costituita da Monica Tarcisi, che però in quel momento, e per un discreto numero di giorni a venire, non sarebbe stata disponibile né coinvolgibile nell'indagine – dimmi cosa hai notato di così straordinario.

– In verità non occorre un acume particolare, commissario. Basta leggere il nome del mittente, nonché la sezione relativa al destinatario…

– Dammi qui, Robecchi, – gli intimò Bezzi sopraffatto dalla curiosità – vediamo un po' di cosa si tratta…

Ebbe un sobbalzo non appena i suoi occhi si posarono sul retro della busta.

– Chi ha consegnato questa lettera??? È arrivata per posta?

– No, commissario. In effetti anche le modalità di recapito costituiscono un fatto fuori dall'ordinario. La missiva è stata ritrovata dal sottoscritto, che si è subito premurato di consegnargliela, collocata fra il tergicristallo ed il parabrezza di una delle nostre volanti parcheggiate qui fuori, – indicò verso la finestra dell'ufficio – più precisamente…

– Robecchi, il mio interesse di sapere di quale auto esattamente si trattasse è il medesimo che nutro per la tavola delle radici quadrate! Piuttosto dimmi: nessuno ha notato, visto, adocchiato, rilevato con lo sguardo colui o colei che si è procurato di incastonare questa perla epistolare in quella che ha ritenuto essere una ottima approssimazione di una buca postale?

– Purtroppo no. Ho chiesto ai colleghi presenti, ma nessuno ha visto alcunché.

– D'accordo. Direi di non perdere tempo alla ricerca di eventuali impronte digitali qui, sulla busta, piuttosto che sul suo contenuto. Non ci servirebbero comunque a nulla.

– È la medesima considerazione che ho fatto anche io. Ecco perché gliela ho portata direttamente, senza premurami troppo di "contaminare le prove".

– Non resta che aprirla e leggerne il contenuto, – concluse Bezzi iniziando a scollare con attenzione e metodo, come se quell'involucro possedesse un qualche valore estetico, la fascetta di chiusura – hai notato che mittente e destinatario sono stati vergati a mano?

– Assolutamente sì, commissario. – confermò Robecchi.

– Chissà se altrettanta diligente perizia è stata adottata anche per il testo vero e proprio. – osservò con sarcasmo.

D'altro canto lo stupore provato dal commissario ne giustificava più che abbondantemente il ricorso. La lettera era infatti stata inviata niente di meno che dalla signora (o forse signorina, ma poco importava) Morte Rossa, indirizzata all'attenzione del "valente commissario Bezzi, a cui è affidata la delicata indagine sulla Venere di Milo".

Un giro di parole umoristico che palesava il fatto che la sicario era, non si sa bene come, a conoscenza dell'identità del commissario. Della cosa non vi era poi troppo da stupirsi, dal momento che un personaggio di quel tipo doveva disporre di una rete di relazioni vasta, profonda e ramificata. Anche dove di rami e radici non avrebbero dovuto essercene affatto.

Il contenuto vero e proprio, si limitava ad un piccolo foglio di carta sottile, riempito con la medesima grafia, elegante, proporzionata e regolare.

"Buongiorno commissario Bezzi,

sono ormai trascorsi cinque giorni da quando, durante il nostro agitato incontro, abbiamo avuto modo entrambi di contemplare quella "cosa" grottesca di cui si parla ora in continuazione sui giornali. Pur confidando ampiamente nella sua competenza (è quasi riuscito a catturarmi e questo, mi creda, è indice del suo talento di investigatore, anche se le sue capacità di autodifesa sono sicuramente migliorabili), non le nascondo che, essendo anche io, per quanto per motivi affatto differenti, interessata a questo caso (si ricorda? Gliene ho accennato poco prima di prendere commiato da lei) ho iniziato a prendere qualche informazione dai miei contatti e dalle mie conoscenze.

Tralascio, per non perdere ambedue tempo, di riferirle come non si tratti di un caso isolato, ma che, viceversa, ha precedenti identici occorsi nel passato. Immagino che questo lo abbia già scoperto da sé. Quello che invece mi preme rappresentarle e che, ritengo, potrà interes-

sarla, è che l'assassino è un uomo ormai anziano. Certamente oltre i sessanta anni. Non si chieda come faccio a saperlo: non glielo rivelerò mai. E disperi del fatto che possa essere più precisa di così: purtroppo, anche scavando a fondo, non sono riuscita ad ottenere altro. Probabilmente perché le mie fonti, per quanto informate, in merito a questo serial killer dispongono davvero di pochissimi elementi.

Questo è quanto. Per il momento almeno.

Spero di esserle stata utile.

Si ricordi, ha un impegno ed un vincolo nei miei confronti: identificare e catturare il killer.

Anche se, come le ho detto, non uccido se non mi pagano per farlo, non è solo per questo motivo che l'ho risparmiata.

Non lo farò nuovamente qualora lei non dovesse portare a termine il suo incarico.

È una questione di dedizione e di serietà professionale, mi creda.

Buon lavoro.

Morte Rossa"

– Bene, – osservò irritato Bezzi – una sentenza capitale pendente sulla mia testa era proprio quello che mi mancava per affrontare serenamente questo caso e godermi appieno l'estate proprio oggi iniziata!

– Magari – cercò di stemperare Robecchi – si tratta solo di minacce senza effettiva consistenza…

– Se avessi avuto modo di conoscere e confrontarti con la signora Morte Rossa, il tuo livello di ottimismo sarebbe sicuramente meno granitico. Sulla consistenza, come la definisci tu, delle sue affermazioni puoi tranquillamente fare assoluto affidamento. Se non chiudo questo caso traducendo in carcere l'omicida, sentirò sibilare l'aria, attraversata dal proiettile che porrà fine alla mia esistenza. Quella donna – proseguì torturandosi il colletto della camicia scurito da un alone di sudore – non credo conosca, né tanto meno credo vi sia interessata, la differenza fra ciò che lei desidera e quanto potrebbe essere fatto oppure no. Inoltre, mi sembra ben poco propensa a tollerare qualsiasi negligenza professionale. Non credo proprio esiterà a premere il grilletto del suo fucile di precisione, o di qualsiasi altra arma da fuoco riterrà utile adoperare, se dovesse decidere che è giunto il momento di farlo…

– Ma io sono certo, commissario, che il killer lo cattureremo. Dobbiamo solo trovare il filo che ci conduce a lui. – Per l'appunto, Robecchi, – confermò Bezzi – vediamo allora di metterci al lavoro per cercare qualche elemento utile, oltre a quelli che abbiamo già individuato.

– D'accordo, commissario. Proporrei, preliminarmente, di ricapitolare quanto fino ad ora emerso, così da procedere con maggiore speditezza ed efficacia.

– Buona idea. Inizia pure allora.

– Cominciamo dall'elemento appena acquisito: parliamo di un uomo di età piuttosto avanzata. Qualcuno che, all'epoca del primo omicidio, doveva dunque avere fra i quaranta ed i quarantacinque anni.

– Qualcuno che panifica con cura i suoi assassinii – proseguì il commissario – poiché, dal 1994, anno in cui questa follia ha avuto inizio, ha alternato un donna ed un uomo come vittime del suo piano. Ognuna di queste è stata acconciata, dopo aver terminato il processo di plastinazione che ne ha reso possibile la macabra rappresentazione, come una statua greca.

– Inoltre – osservò Robecchi – l'intervallo di tempo intercorrente tra i diversi omicidi presenta una regolarità binaria, se così possiamo affermare.

– Cosa intendi dire?

– Osservando il periodo di ricorrenza dei delitti, mi sembra di poter evidenziare tre cicli, definiti ognuno da un duplice omicidio. Mi spiego meglio: la prima vittima, una giovane ragazza, è stata "esposta" nel 1994. Dopo tre anni, nel 1997, è stato esposto un ragazzo, la prima vittima maschile.

– E, a pensarci bene, con ambedue le vittime sono state rappresentate statue di età arcaica.

– Appunto. Poi, dopo dieci anni, vale a dire nel 2004, ha avuto inizio il secondo ciclo: di nuovo una vittima femminile e poi, nel 2007, una vittima maschile.

– Due statue di epoca classica.

– Infine, nel 2014, ha avuto inizio il terzo ciclo, con una vittima femminile.

– Una statua ellenistica… – osservò Bezzi in tono assorto – questo significa che, se non ci siamo sbagliati, per il 2017 è previsto un ulteriore, nonché l'ultimo, delitto. Una vittima maschile che rappresenterà una statua della medesima epoca.

– Infatti. Inoltre, tutti gli omicidi sono stati commessi in giugno. Tranne uno. Come mai?

– È solo un'ipotesi, Robecchi, ma credo che, da un punto di vista rituale, gli omicidi debbano avere compimento in giugno, che, evidentemente, deve essere un mese particolarmente significativo per il nostro maniaco omicida. La seconda vittima è stata per l'appunto un'eccezione, probabilmente dovuta al fatto che il killer si è imbattuto in un "modello" perfettamente confacente alle sue esigenze. In effetti la somiglianza fra il giovane sventurato e il Kuros di Aristodemo è davvero impressionante. Non dimentichiamoci inoltre che era la sua prima vittima maschile, genere con il quale doveva avere minore confidenza e capacità di azione. Elementi che possono averlo indotto a fare uno strappo alla regola e ad agire immediatamente, una volta individuato il bersaglio.

– In effetti potrebbe essere così.

– Inoltre, la seconda vittima è l'unica a non avere relazioni con l'ambiente universitario. Ciò sembrerebbe costituire una conferma alla mia ipotesi.

– Diamola pure per assodata, – concesse Robecchi – come possiamo muoverci per progredire verso la soluzione? – Iniziamo con il chiamare il mio amico Tiziano Feraboldi, che l'università la bazzica per professione. Forse potrà fornirci qualche elemento utile depositato negli annali dell'ateneo. E, in ogni caso, gli avevo promesso, già dal mese scorso, una cena che ancora non gli ho offerto. Quindi non potrebbe esserci occasione più propizia per unire l'utile al dilettevole.

Capitolo 18

– Quando vai in vacanza, Tiziano?

– Come al solito, anche quest'anno, e così per quelli a venire, a meno di cambiare mestiere, mi dovrò accontentare del mese di agosto, affollato, con giornate corte e con mezzo piede già nell'autunno. D'altro canto, fino a fine luglio ci sono sia le sessioni di esame sia quelle di laurea…

– Immagino una folla di studenti averti eletto suo relatore… – osservò Bezzi con poco più che un accenno di invidia. Il mondo accademico, che aveva frequentato unicamente come studente, non cessava, a distanza di ormai un buon numero di anni, di esercitare su di lui una sorta di malevolo rimpianto e di infastidita nostalgia. Un ambiente dal quale si era allontanato, una volta discussa la tesi, per una sazietà quasi nauseabonda che gli aveva lasciato, nel corso del tempo, un appetito intellettuale presto evolutosi in un senso di incompiutezza e di sospensione.

– Una folla no, ma comunque un numero sufficiente a non consentirmi di alterare il mio calendario di impegni. – rispose Feraboldi, sorvolando sulla perdonabile malignità dell'amico.

– Dove hai in mente di andare?

– Non so ancora, Fulvio. Forse sarò abbastanza depresso e sufficientemente poco motivato a considerare qualsiasi scenario di evasione geografica, da optare per un semplice soggiorno a casa mia, fra aria condizionata, letture, campo dove ho maturato un arretrato di tutto rispetto, e qualche passeggiata tardo pomeridiana nei parchi afosi e di piccole dimensioni che offre la zona in cui abito – si riferiva al primo tratto di via Lorenteggio, e, in particolare, ad un condominio di recente costruzione situato in via Redaelli. Un appartamento nuovo e funzionale, che Bezzi aveva avuto modo di conoscere, per quanto in circostanze a dir poco singolari, la primavera dell'anno precedente.

– Come mai stai attraversando una fase così critica? L'ultima volta che ci siamo sentiti, credo un mesetto fa se non vado errato, mi sembravi sintonizzato sulla tua abituale frequenza esistenziale: onde lunghe e regolari, senza picchi né avvallamenti troppo pronunciati. Una sinusoide collinare, morbida come il dorso di una pecorella. Un po' come la funzione che descrive la mia esistenza insomma.

– Hai ragione, Fulvio. Ma allora non avevo ancora fatto la conoscenza di Emmanuelle...

– Chi sarebbe costei? – domandò Bezzi mentre, offerto all'amico un calice di Nosiola impeccabilmente servito a 8 gradi, si apprestava ad allestire il pranzo che aveva ideato. Piatti leggeri, adatti alla stagione ormai calda: un antipasto di crudità di mare, linguine con filetti di scorfano ed un fritto leggero di gamberetti e anelli di totano, con zucchine e carote in pastella. Il dolce lo aveva procurato Feraboldi, il quale non si era voluto pronunciare sull'identità del medesimo, anche se la bottiglia di passito Le Cime, anch'essa portata dal professore a scopo combinatorio, fece propendere il commissario per un dessert a base di ricotta. Difficile pensare a cannoli siciliani piuttosto che ad una cassata: avrebbero richiesto maggiore continuità geografica in termini di abbinamento enologico. Poco probabile anche la Pastiera, palesemente fuori stagione. Non restava, stando alle sue competenze culinarie, che la cheese cake. Ipotesi che, se confermata, avrebbe incontrato l'incondizionato favore del commissario, che di dolci a base casearia era notoriamente appassionato

.– Una studentessa. – rispose in tono affranto Feraboldi.

– Di origine francese?

– No, francese proprio. È qui per effetto del progetto Erasmus.

– Cosa ti affligge così tanto di lei? Forse non si applica a sufficienza alle tue entusiasmanti lezioni? – lo canzonò sperando così di ammorbidire l'umore dell'amico, che si era fatto aspro e scosceso come un dirupo.

– No. È semplicemente bellissima. Tutto qui.

– Non è poco, in effetti, Tiziano, – convenne – tuttavia, la mera contemplazione della bellezza non dovrebbe produrre effetti così catastrofici.

– Infatti: le sue qualità estetiche non sono, ahimè, che il punto di partenza. Il fatto, Fulvio, è che credo di essermi preso una colossale sbandata.

– Io non ci vedo niente di deplorevole, se così fosse. Tu?

– Neppure io. Niente di deplorevole, ma qualcosa di completamente irrealizzabile, oltre che di irrealistico. Stiamo parlando di una ragazza di 22 anni, vale a dire meno della metà di quelli del sottoscritto. Una persona che vive, oltre che avere una visione della vita e dell'esistenza, in modo affatto differente dal mio. Gli anni pesano come macigni in queste situazioni e, per quanto mi senta attratto da lei, dalla sua vitalità ben più vicina alla sorgente che alla foce, non riesco a non sentirmi del tutto fuori contesto. Un intruso che non potrà che avere un ruolo secondario, relegato al mero esperimento sentimentale.

– Mi sembra di capire che anche lei, la bella e giovane Emmanuelle, non sia indifferente al tuo fascino attempato.

– È proprio questo il problema, Fulvio: la corresponsione.

Che c'è, senza dubbio, ma che si dipana su due binari diversi e divergenti.

Io mi trovo in un punto dove lei ancora non sarà per molti anni; lei è, ora, come io sono stato nel mio ormai remoto passato. Siamo due entità che parlano la stessa lingua ma non il medesimo linguaggio. Eppure... la tentazione di questa specie di sogno semi senile è terribilmente potente, quasi un incantesimo.

— Forse tocca a tutti noi, Tiziano, passare da una sbandata di questo tipo. Probabilmente è un correlato del fatto di invecchiare: abbracciare il nostro fantasmatico passato attraverso la carne di un essere vivente.

— Già — convenne Feraboldi — non so se attendere semplicemente che tutto passi e si stemperi nel mondo reale, oppure lasciarmi risucchiare da questa specie di sogno ad occhi aperti...

Non avendo risposte da fornire, il commissario si limitò a far tintinnare il suo calice con quello dell'amico, così da cercare nel vino qualche possibile soluzione al dilemma.

Purtroppo non ne giunse alcuna, ma, in compenso, il tepore dell'alcool riscaldò la propensione di Bezzi alle confidenze.
— Anche io, per quanto ad una fase assai più embrionale della tua, ho conosciuto, in un certo senso, una giovane donna molto speciale.

Certo non posso affermare si tratti di una studentessa...

— Ma tu guarda un po' che coincidenza! — esclamò Feraboldi al rinnovato tintinnio di cristalli — Nuova collega?
— Ehm... non esattamente. Secondo uno schema semplificato, ma certamente di buona efficacia descrittiva, la si potrebbe senz'altro definire un'antagonista.

— Vorresti dire una criminale?

— Non posso negarlo.

– Non voglio che tu neghi, desidero che tu racconti invece.

Il commissario riassunse brevemente gli eventi occorsi tra lui ed il sicario.

– Non si può non ritenerla una personalità dominante, – osservò ironico il professore.

– Soprattutto se dotata di un set appropriato di armi da fuoco e di una mira eccellente. – gli fece eco Bezzi.

– Mi sembra di capire che anche a mani nude se la cavi piuttosto bene. Certo, non che abbia dovuto affrontare un campione di arti marziali...

– Decisamente non ha avuto questa sfortuna. – acconsentì.

– Bene, prescindendo dalle modalità piuttosto singolari del vostro primo appuntamento, cosa precisamente ti attrae in lei?

– Non saprei ancora descriverlo con precisione. Anzi, a voler essere sinceri non so neppure se si tratti di attrazione nel senso vero e proprio, o quantomeno canonico, del termine. Per il momento, tutto ciò che posso dirti è che la sua determinazione "assoluta" esercita un considerevole magnetismo nei confronti del sottoscritto. Morte Rossa è una persona, una donna, che prescinde da qualsiasi contesto nel dare sostanza al suo volere, eppure, nonostante il lavoro non propriamente conforme alla legge (per quanto in qualche caso forse socialmente utile) che esercita, non riesco a definirla un essere senza morale o senza etica. Semplicemente ogni istanza fa riferimento al suo personale mondo, alla sua specifica visione dell'esistenza. In un certo senso, sembra l'alter ego del killer a cui da qualche giorno sto dando la caccia. Anche lei uccide, ma per mestiere, è spietata se occorre e non per attitudine, anche lei persegue un fine ogni volta che pone termine ad un'altra esistenza, ma non si tratta di un fine personale, bensì afferente a chi la ingaggia.

– Due differenti versioni di una demonicità omicida.

– Probabilmente, Tiziano. Eppure Morte Rossa vuole che io catturi il killer.

– Già, – replicò il professore ripensando a quanto gli aveva appena raccontato Bezzi e, in particolare, alla lettera da poco ricevuta – mi domando quale sia il vero motivo del suo interesse.

– Curiosità, come ti ho riferito: vorrebbe sapere cosa passa per la mente di un serial killer così stravagante. – Un killer, stando a quanto ho letto sui giornali ed alle tue parole, che sceglie le sue vittime all'interno del mondo universitario. In particolare nelle facoltà umanistiche.

– Precisamente.

Un sorriso illuminò lo sguardo del docente.

– Posso esserti utile in qualche modo, Fulvio?

– Spero proprio di sì, Tiziano. Ne parliamo dopo il dolce; sei d'accordo? – replicò Bezzi con un sorriso luciferino. – Va bene! – esclamò affranto, conscio di non avere altra scelta se non attendere la fine del lungo e succulento pranzo che il commissario aveva iniziato a scodellare sulla tavola apparecchiata.

Sulle note distaccate e pastose di un album di Michael Petrucciani, suonato ad un volume abbastanza basso da consentire un'agevole conversazione, ma sufficientemente alto da cogliere distintamente la leggiadra fluidità delle costruzioni melodiche, Bezzi e Feraboldi si apprestarono a definire il piano di azione che il commissario avrebbe richiesto all'amico.

Dalla finestra della cucina, spalancata sul primo pomeriggio estivo, spirava una brezza insolitamente fresca per la stagione. La luce, impietosamente intensa, avviluppava con violenza le stoviglie abbandonate nell'acquaio, in attesa di essere lustrate a dovere.

Una lama di giallo nitido ed uniforme correva lungo il breve corridoio, stagliandosi netta contro la parete; un affresco contornato dalla penombra sul quale parevano adagiarsi i radi mormorii provenienti dalla strada: favelle non indigene, per lo più di matrice cingalese, con una cadenza vibrante e ritmica sospesa tra echi di tabla e sitar.

Nelle pause fra uno scampolo di conversazione e l'altro, il silenzio si srotolava come un tappeto intessuto dai brontolii del traffico transitante per le vie adiacenti.

– Quindi, mi stai chiedendo di scavare un po' negli eventi degli ultimi quarant'anni della benamata istituzione accademica presso cui mi pregio di insegnare, per scoprire se è avvenuto qualche fatto che possa avere attinenza con il serial killer a cui stai dando la caccia?

– Precisamente, Tiziano. Potrei farlo io direttamente, ma, senza dubbio, la mia capacità di districarmi, da perfetto estraneo, nelle vicende del tuo ateneo risulterebbero decisamente inferiori. Non saprei a chi domandare, innanzitutto, e dovrei procedere a tentoni, sprecando chissà quanto tempo. E poi, non disponendo di alcun livello di confidenza su cui fare leva, dubito seriamente dell'efficacia che potrebbero avere i miei tentativi di risvegliare la memoria di qualche ordinario ormai prossimo alla pensione, se non già pensionato.

– Oppure defunto, – osservò Feraboldi – quarant'anni costituiscono un regresso temporale davvero notevole. Speriamo di trovare qualcuno, ancora in possesso delle sue facoltà mentali, in grado di fornirmi qualche informazione utile. Sempre che ce ne siano.

– Quando pensi di potermi dare qualche aggiornamento?

– Farò del mio meglio per riuscirci entro quarantotto ore.

Capitolo 19

25 giugno 2014

Non cadete nella banale convinzione che io non abbia una coscienza o che, se anche la avessi, questa sarebbe la coscienza ed il sentire di uno squilibrato. Una macchina etica dal funzionamento affatto diverso da quello di tutte le persone normali.

Non è così. Non lo è mai stato.

Ammetto, senza alcuna difficoltà o intenzione di nasconderlo, che, quando raggiungo il culmine del mio estro creativo, un processo lento e costante che ha inizio nel momento in cui riesco finalmente ad individuare, nell'informe massa umana, colui o colei che daranno vita alla mia opera e che ha compimento quando, grazie ad una paziente dedizione, posso finalmente presentare al mondo il frutto del mio genio, il mio agire prescinde da qualsiasi vincolo che non sia quello imposto dalla verità estetica, dall'inverarsi di ciò che è reale sostanza.

Ma, subito dopo, quando torno a sedermi alla postazione di guida del mio furgone e mi avvio verso casa, uno sgradevole senso di vuoto, una fastidiosa nausea dell'essere, si impadronisce del mio sentire. Comprendo in quel momento che il prezzo della perfezione è assai elevato: un penoso fardello che grava sulle mie spalle con la consapevolezza di aver privato dell'esistenza un mio simile.

Non mi sento in colpa per quanto ho commesso. Non è questo il punto.

So di agire nel giusto, di essere il fedele servitore di un valore così alto da prescindere la vita umana.

L'unico ad aver avuto il doloroso coraggio di perseguire il fine sublime dell'integrità.

Vorrei solo, ma so che non è possibile, che ciò potesse in qualche modo fare a meno della morte.

Ma, quando rifletto su questa apparente antinomia, mi sovviene che il popolo che ha saputo esprimere una tale bellezza lo ha fatto passando quasi sempre dalla dimensione del tragico.

E allora comprendo che proprio nel tragico è possibile innescare quello scarto dalla realtà ordinaria che consente di ideare e realizzare il bello.

Arte figurativa, geometria, numero: tutto si combina nel significato più profondo dell'universo.

Il nostro patire è la materia grezza che può trasformarsi in sostanza.

E poi, elemento da non considerare certo secondario, non concedo più ai miei modelli il tempo di comprendere, l'opportunità di provare terrore, la speranza di supplicare.

La morte sopraggiunge immediata, come quando ho pugnalato la giovane paletnologa, la mia futura Atena Lemnia, o attraverso l'oscurità dell'incoscienza, come in quasi tutti gli altri casi, fatta eccezione per la prima, la mia Kore. Quella è stata l'unica volta in cui ho provato un rimorso terribile per aver agito con un crudeltà psicologica del tutto inutile e gratuita. Ma credo, in fondo, di averlo fatto per dare coraggio a me stesso. Perché era la prima volta e mi sentivo prossimo ad esitare. Dovevo in qualche modo immedesimarmi nello stereotipo del serial killer, parlare come lui, per trovare il coraggio che dentro di me dubitavo di possedere.

E, in fondo, anche quando ho dato vita al Diadumeno, non è stata la paura, ma la sua furia, omicida tanto quanto la mia, ad animare gli ultimi gesti del ragazzo.

È stata davvero una fortuna che non mi abbia implorato, piagnucolando, di risparmiarlo: sinceramente non so se la mia determinazione sarebbe stata sufficiente, o se il morso viscerale della pietà avrebbe paralizzato il mio braccio.

Ne sarebbe, in quest'ultimo caso, derivato un danno incalcolabile e, assai probabilmente, irrimediabile. Mai più, credo, avrei potuto trovare un esemplare altrettanto all'altezza di incarnare il capolavoro di Policleto.

Avrei rischiato di compromettere il mio inestimabile progetto a causa di un moto dell'animo, inutile, ma ineliminabile dalle pulsioni del sottoscritto.

Qualcuno potrebbe affermare, lette queste parole, che sono un vigliacco. È possibile, non lo nego. Ma io non sono un guerriero, non devo affrontare a viso aperto il nemico. Non combatto alcuna battaglia. Io sono un creatore che restaura il bello dalle ingiurie del tempo.

Non ho obblighi verso il prossimo: l'importante è che tutto funzioni nel migliore dei modi, che l'esito sia quello prestabilito.

È per questo che l'ultimo atto che mi attende fra pochi anni mi preoccupa così tanto.

Devo escogitare un metodo, un procedere certo ed infallibile che sostenga la mia età sempre più avanzata.

Dovrà accadere a casa mia, con qualcuno di cui abbia acquisito la più assoluta ed incondizionata fiducia. Qualcuno non intaccato dal sospetto.

Scorgo all'orizzonte una possibile soluzione, poiché, allora, quando il tempo sarà maturo, anche lui lo sarà. Avrà diciotto anni: l'età dello splendore che vado ricercando.

Ma sarà un grande dolore che infliggerò al mio cuore.

Dovrò essere forte e proteso al fine come non mai, affinché possa apporre l'ultimo tocco al mio capolavoro e sigillare l'opera di un'intera vita.

Non dovrò conoscere pietà umana per poter concedere misericordia all'arte.

Inizierò a preparare il mio spirito fin da oggi, così sarà abbastanza forte da affrontare la tragedia per tramutarla in perfezione.

Mi rivolgo a voi, antichi ed insuperati maestri: promettetemi fin da ora di guidare la mia mano, cosicché io possa dare compimento al più perfetto dei miei lavori. Ispirate la mia visione, spalancate la mia vista allo spettacolo della misura e della perfezione. Che da questo vostro devoto servitore possa scaturire la luce che vi illumina!

Capitolo 20

– Dieci, tre, due, Robecchi. – scandì per l'ennesima volta Bezzi, come se fosse alle prese con una formula liturgica particolarmente breve e ripetitiva– sono questi i numeri che legano l'assassino al suo agire.

– Senza dubbio, commissario. Lo abbiamo già constatato diverse volte. Ci manca ancora, però, di decifrare il senso ed il contesto di questa sequenza.

– Nella speranza che ciò possa tornarci utile per la soluzione del caso, – osservò piuttosto scettico – chi può mai sapere che non si tratti di un qualche astruso schema metafisico o, più semplicemente, paranoide, del tutto inservibile ai fini di circoscrivere in qualche modo il campo di azione del killer?

– Non credo sia probabile un'eventualità tanto sfavorevole, a dire il vero. Normalmente, il modus operandi dei serial killer presenta un elevato livello di coerenza interna fra le varie componenti e, in questo caso, abbiamo la fortuna di disporre di un contesto esterno di riferimento ben noto.

– Ti riferisci all'arte greca, immagino.

– Per l'appunto, – confermò l'agente – ma, forse, anche questa può essere ricompresa in un perimetro più ampio, dove quei numeri abbiano un senso, un significato e, soprattutto, li forniscano all'agire del killer.

– Certo gli artisti, e su questo punto non hai assolutamente torto, costituivano una delle espressioni della cultura greca e delle comunità intellettuali che la componevano. C'erano – aggiunse con una vibrazione un po' stentata nella voce

– poeti, scrittori di prosa, filosofi, architetti, medici, scienziati…

Un turbine di ricordi, scolastici ed accademici, attraversò la mente del commissario, innescando un moto d'animo non troppo dissimile dal rimpianto: per la scarsezza di tempo e, ancor di più, per la debolezza di volontà. Come di consuetudine e con la abituale poca convinzione, si ripromise, in un futuro non meglio circoscrivibile, di impegnare più a fondo le sue facoltà e le sue energie nel coltivare le sue primigenie passioni intellettuali, concedendo d'ufficio minor indulgenza alla sua inerzia. E poi, come la situazione contingente stava a dimostrare, non era assolutamente da escludersi che una degna rispolverata di antichità varie non potesse tornargli utile nel suo lavoro. Chissà che, in futuro, non si sarebbe trovato a combattere contro qualche setta di neoplatonici intenti a praticare il crimine come strumento di ascesa dell'anima verso l'iperuranio o di aristotelici alle prese con la costruzione fraudolenta del motore immobile, piuttosto che…

Il flusso delle sue considerazioni ironiche si soffermò sulle comunità filosofiche del mondo ellenico. Smuovendo con maggiore alacrità le sue reminiscenze, riportò in superficie e mise a fuoco un concetto che, forse, avrebbe potuto avere qualche implicazione interessante.

– Non infrequentemente, anzi invero piuttosto spesso, Robecchi, le arti figurative, scultura compresa, venivano influenzate profondamente dalla concezione del mondo al momento in voga, piuttosto che da qualche più specifica teoria numerica e geometrica, campi assai contigui ai tempi, che in una statua, in un dipinto, nelle proporzioni di un edificio sacro o pubblico, trovavano la loro realizzazione e dimostrazione materiale. Poligoni, figure piane e solide, rapporti lineari: costituivano modelli entro cui rappresentare il mondo sensibile, mirando a realizzare opere più vere e veritiere del modello da cui prendevano spunto.

– Perfettamente chiaro, commissario. E, di tutte queste teorie, gliene viene in mente qualcuna che possa aver maggiormente a che fare con il nostro caso?

– Forse sì, Robecchi, forse. Ma per poterti dare una risposta sensata devo prima fare qualche ricerca nei miei vecchi e polverosi libri, sperando di essermi portato qui a Milano quelli che mi servono. Al limite integrerò con una navigazione mirata su internet. Di andare a fare un'esplorazione in biblioteca ne avrei una voglia immensa, ma non dispongo del tempo necessario. Quindi, ora mi metto all'opera e vediamo cosa spunta fuori dalle mie vetuste conoscenze.

Con un cenno di assenso e di commiato allo stesso tempo, l'agente si ritirò dall'ufficio, lasciandolo solo. Nel silenzio, che si diffuse come una brezza invisibile nella stanza, Bezzi sbrigò rapidamente alcune incombenze ordinarie, il pensiero fisso al compito che lo avrebbe atteso di lì a poco. Verso l'una aveva terminato, giusto in tempo per assecondare il brontolio del suo stomaco con un piatto di carne salata accompagnata da cetriolini aromatizzati e pane di segale.

– Tiziano, come procedono le tue ricerche? Qualche novità? – domandò all'amico, al quale aveva telefonato subito dopo aver terminato il frugale e gustoso pranzo, non senza averlo coronato con un buon caffè accompagnato da una fetta più che dignitosa di strudel con gelato alla vaniglia.

Erano da poco passate le due e il commissario, nella penombra di tapparelle abbassate del suo appartamento, dove un fascio di luce solare, volutamente lasciato libero di attraversare il salotto dall'unica finestra non oscurata, illuminava il tavolo ancora ingombro delle poche stoviglie utilizzate per il pranzo, si stava apprestando a disporre alcuni libri nello spazio, rimasto disponibile.

Avrebbe sparecchiato più tardi, una volta attenuatasi l'ansia febbrile di verificare l'ipotesi che aveva preso forma nei suoi pensieri.

Un solletichio dei sensi cerebrali che non avrebbe potuto essere diversamente acquietato se non con un puntuale riscontro; oppure con la delusione di un madornale errore.

– Non ancora Fulvio. Ho fatto qualche domanda in giro, spiluccato qua e là fra gli aneddoti che si tramandano dentro queste noiose e dotte mura e persino dato un'occhiata a qualche documento di archivio. Ma, almeno per il momento, non è emerso nulla di significativo. – il tono della risposta era piuttosto sconsolato, ma non ancora rassegnato. Viceversa, lasciava trapelare una sostanziale caparbietà ed una determinazione difficilmente domabili.

– Peccato… – osservò Bezzi mentre appoggiava sul tavolo un tomo di notevoli dimensioni, contenente una carrellata, decisamente voluminosa, della filosofia greca dalle origini fino a Socrate. Prima opera di una tetralogia che si spingeva fino alle soglie del pensiero romano. I resti, parziali, di un cospicuo esame sostenuto dal commissario in un'età ormai irrimediabilmente remota. Relitti trasportati a Milano, un po' per inestinguibile nostalgia, un po' nella speranza che potessero tornare utili a sua figlia Marta, qualora avesse deciso di abbracciare una facoltà simile a quella frequentata da lui o dalla sua ex moglie, Angela. Da oltre un anno ormai giacevano nella libreria, occupando, insieme ad altri compagni del passato, un posto di rilievo, proprio sulla mensola centrale, quella posta direttamente all'altezza degli occhi.

Reliquie osservate, ogni volta, con frettolosa ammirazione, così da evitarne il muto ed assordante richiamo, quasi la supplica nella proiezione della coscienza, di essere nuovamente prese in mano, sfogliate e lette con attenzione, piuttosto che esibite, ad uso esclusivo del loro invecchiato proprietario, come espressione di acume di pensiero e vastità di cultura.

– Non ti preoccupare, – lo rassicurò l'amico – non ho certo intenzione di desistere così presto. Se fra le carte, le memorie, le parole di questo luogo c'è qualcosa, stai pure tranquillo che lo scoprirò. Altrimenti troverò un altro sistema per essere ragionevolmente certo di aver guardato dappertutto. Tu invece – proseguì dopo aver rumorosamente preso fiato dall'altro lato della cornetta – come te la stai cavando? – Forse, ma devi lasciarmi il tempo necessario ad operare le opportune verifiche, – ribatté mentre iniziava a sfogliare le pagine dell'ingombrante volume, contornato da un altro paio di libri di più modeste dimensioni – ho scoperto, o trovato, se preferisci, un elemento importante. Un particolare di grandi dimensioni, si può dire, che potrebbe aiutare ad illuminare con maggiore precisione i contorni del caso.

– Non perdo neanche tempo a chiederti di cosa si tratta, Fulvio, perché tanto so che andrebbe sprecato, conoscendo il tuo infantile amore per la suspense altrui. Figuriamoci poi se collegata ad un dato non ancora verificato… – Non potresti avere più ragione di così, Tiziano, – confermò stampando un ghigno inoffensivo sul microfono del cellulare – però ti prometto che, anche oggi stesso se sono fortunato, ti richiamo per aggiornarti sulla mia ipotesi, anche qualora dovesse risultare errata.

– Ci conto, Fulvio. Da parte mia farò lo stesso se, e non appena, dovesse emergere qualcosa di interessante.

Si salutarono con un reciproco auspicio di successo.

Poi Bezzi, chiusa la comunicazione, si avvicinò al suo impianto HiFi e, dopo aver selezionato dalla libreria un vinile di Tim Buckley, lo affidò alle sensuali cure della puntina che aveva da poco fatto sostituire.

Avvolto da quella musica di immediata ed elaborata cristallinità, si mise infine al lavoro.

L'odore di stampa e di tempo promanante dalle pagine del libro, gli concessero per alcuni istanti l'illusione della sua giovinezza, rimasta relegata nelle aule dell'università che aveva frequentato.

L'intensa sessione di studio del commissario venne interrotta, dopo circa un'ora, da un evento inatteso, costituito dal clangore discreto del suo campanello di ingresso.

Sovrappensiero, la mente ancora assorta nelle evidenze emerse dai libri spalancati sul tavolo, si avviò alla porta, dimenticandosi di dare un'occhiata allo spioncino prima di aprirla.

Quando la ebbe discostata di alcuni centimetri, lasciando che il chiarore del pianerottolo stagliasse il profilo dell'inatteso visitatore, non poté fare a meno di arretrare di qualche passo, permettendo a quest'ultimo di spalancarla di un tratto sufficiente a consentirne l'ingresso nell'appartamento di Bezzi.

Il quale, senza proferire alcuna parola, né emettere suono se non un sommesso mormorio a stento udibile, si limitò ad indicare il divano e poi il tavolo in segno di educata accoglienza.

La donna, meno propensa alla momentanea regola del silenzio, esordì invece con un flemmatico ed incrollabile.

– Buongiorno. Spero di non arrecarle disturbo. Ho visto che si ritirava a casa e ho pensato che fosse venuto il momento di incontrarci nuovamente.

Vestiva con un semplice paio di jeans, perfettamente attillati sulle sue gambe snelle e flessuose, una maglietta con le maniche fino al gomito, aderente ma dall'aspetto vaporoso, ed un paio di scarpe senza tacco.

Lo sguardo diffondeva scaglie di azzurro nella stanza in penombra; la chioma bionda, liscia e sottile, sembrava una cascata di fili lucenti.

Portava un profumo molto gradevole, fuggevole e vivo, di cui il commissario ignorava completamente la marca.

– Credo mi accomoderò sul divano. – proseguì percorrendo con un paio di ampie falcate la lunghezza del salotto e posandosi con una grazia priva di peso sull'ampio cuscino di pelle color crema.

Sempre senza produrre neppure una sillaba, Bezzi, guidato da un innato istinto di ospitalità, mimò il gesto di accostare un bicchiere alle labbra

– Molto volentieri, commissario. Qualcosa di freddo, ma non alcolico. Con questo caldo non sarebbe esattamente la scelta migliore. Della semplice acqua gassata con un fetta sottile di limone?

La risposta fu un solenne cenno di assenso. Di parole ancora non se ne sentiva risuonare neppure la eco.

Nella poca luce che batteva sul divano, Bezzi non riuscì a comprendere se la sua ospite stesse o no sorridendo: un'increspatura lieve e diffusa curvava all'insù le sue labbra sottili, perdendosi in una sfumatura incerta e sospesa. Quasi più un atteggiamento naturale e cosciente ad un tempo che un atto voluto.

Senza, inaspettatamente, provare timore alcuno, le diede le spalle per dirigersi verso la cucina.

Dal frigorifero estrasse una bottiglia di acqua molto gassata ed ancor più gelata, di cui versò il contenuto in un bicchiere allungato e di diametro piuttosto ridotto. Vi aggiunse una fetta di limone, di una varietà particolarmente dolce e dalla scorza morbida, e lo servì alla giovane donna

– Lei non prende nulla?

– No, – riuscì finalmente a scandire – per il momento sono a posto.

Un intervallo di silenzio calò nuovamente fra loro, creando una tensione piacevole ed indefinita; un invito al prolungamento che venne interrotto dalla voce dell'ospite.

– Immagino abbia capito perché sono venuta qui…

– Non ci sono particolari novità, se è questo che vuole sapere. Devo dunque considerarmi prossimo alla fine della mia vita? – domandò ricordandosi quanto era stato scritto nella lettera da lei composta

– Certamente no. Non ancora almeno. Diverso sarà se dovesse comunicarmi di non essere in grado di catturare l'assassino.

– Non ci sono casi irrisolti nel mio pedigree professionale, signora…

– Morte Rossa va benissimo.

– Prima o poi li ho acciuffati tutti i criminali a cui ho dato la caccia. – rispose guardandola con fare allusivo.

Stava rapidamente recuperando il suo atteggiamento abituale, per quanto un lieve senso di instabilità non accennasse ad abbandonarlo.

– Credo che dovrà necessariamente contemplare un'eccezione. Ma confido che non ve ne saranno di ulteriori. Un lungo sorso d'acqua, bevuto con gusto ma senza alcuna avidità, interruppe per qualche istante le sue parole.

– I libri sul tavolo sono collegati al caso? – domandò indicando la piccola pila che giaceva spalancata, come intenta a godersi un momento di pausa e rilassatezza.

– Sì, lo sono.

– Qualche trattato di criminologia? No, non credo. – aggiunse rispondendo lei stessa alla domanda che aveva posto.

– Infatti: non lo sono.

– Qualche trattato di arte greca?

– Anche, ma non solo. E non soprattutto.

– Cos'altro allora?

– Perché dovrei dirglielo?

– Non lo immagina? – il tono si era fatto più freddo e cadenzato: carico di una minaccia pacata

– Questa volta non mi potrà cogliere di sorpresa.

– Non ne avrei bisogno, se decidessi di agire.

Ancora un po' più freddo e calmo: una cantilena quasi ipnotica.

Bezzi decise di assecondarla, anche se non riusciva bene a comprenderne il motivo, dal momento che non provava la minima paura.

Sembrava, semplicemente, che non le si sarebbe potuto opporre resistenza. O, quanto meno, lui, non riusciva a resisterle.

– Venga, – la invitò protendendo il palmo verso il tavolo – si segga con me: le illustrerò la mia teoria. Nuova di zecca e appena partorita.

Capitolo 21

Il profumo della donna permeava in modo più intenso i sensi del commissario ora che sedevano uno a fianco all'altro, la distanza tra i rispettivi volti ridotta dalla necessità di contemplare l'illustrazione che campeggiava a tutta pagina.

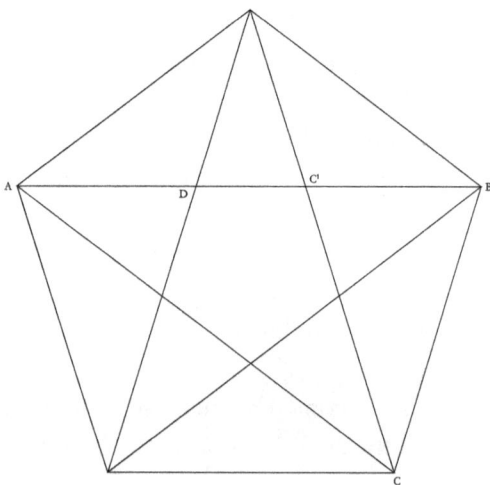

Entrambi concentrati sul poligono regolare e sulle implicazioni che, suo malgrado trattandosi di una semplice figura geometrica, questo sembrava avere con l'indagine, si fecero ancora un po' più vicini, arrestandosi all'intrecciarsi del reciproco calore dell'epidermide, il respiro sintonizzato sul medesimo ritmo.

– Non avrei mai creduto che un pentagono potesse rivelare così tante informazioni preziose, né, ancor meno, avrei immaginato qualcuno in grado di scoprirlo, commissario.

Gli rivolse uno sguardo di ammirazione, gli occhi abbastanza vicini da costringere Bezzi a riparare in un fuori fuoco ed a schiarirsi la voce prima di ribattere.

– Il pentagono e, soprattutto, il rapporto geometrico che lo innerva ed i significati che ne sono derivati.

– La sezione aurea… – sospirò distratta – era dai tempi del liceo che non ne sentivo parlare.

Una sfumatura differente plasmò i suoi lineamenti per un istante

– Liceo classico o scientifico? E dopo il liceo ha iniziato qualche facoltà? O si è subito dedicata alla sua attuale professione?

– Non si affanni a scoprire qualcosa su di me: sarebbe tempo sprecato. L'ironia invece la può tranquillamente utilizzare: mi piace particolarmente.

– Meglio se torniamo all'argomento dell'indagine allora. In effetti, gli omicidi commessi dal serial killer mi sembrano essere connessi alla sezione aurea sotto molteplici punti di vista. Quello più immediato, e ovvio in un certo senso, è legato al valore che questo rapporto geometrico, una volta scoperto, ha avuto nella statuaria greca, con il rettangolo aureo ed i rapporti proporzionali che ne sono stati ricavati. Ma, fino a qui, siamo ancora ad un livello generico e superficiale: le statue che l'assassino ha "riprodotto" sono opere di artisti che dovevano essere ben a conoscenza di questo principio. Se, invece, concentriamo la nostra attenzione sul modus operandi del killer, le correlazioni sembrano essere decisamente più dirette. Innanzitutto nella scelta di alternare una donna ed un uomo: il pentagono, vale a dire il poligono dal cui studio è stato definito il rapporto aureo, sottintendeva per i Pitagorici, che della sezione aurea furono gli scopritori, l'unione fra il principio maschile e quello femminile, rappresentati dalla somma dei numeri 2 e 3. Tanto che consideravano il 5 il numero dell'amore e del matrimonio. Ecco dunque spiegato perché gli omicidi delle ragazze sono avvenuti negli anni pari, poiché 2 è il numero femminile, mentre quelli maschili sono avvenuti in anni dispari, conformemente al numero maschile, che ha determinato anche l'intervallo fra il primo ed il secondo omicidio della serie "donna + uomo".

– Quando l'intervallo fra le serie risulta essere di 10 anni: 1994/1997 prima serie, 2004/2007 seconda serie, 2014…

– 2017 terza serie, ancora da concludere, – osservò Bezzi – e anche il numero 10 ha un significato preciso, – aggiunse puntando nuovamente il dito sull'illustrazione – poiché 10 sono i triangoli minori generati dalle diagonali di un pentagono.

– Mentre 3 sono quelli maggiori… tutto sembra in effetti tornare nella sua ipotesi.

– Così pare essere. – assentì, meno soddisfatto di quanto avrebbe immaginato, come se una qualche interferenza creasse disturbo alle sue consuete dinamiche di gratificazione intellettuale.

Gli occhi della donna continuavano a rimanere posati sui suoi, spostandosi solo leggermente, senza cambiare fuoco, lungo il profilo del commissario, sulle cui spalle, salendo per la linea del collo, indugiava un formicolio lieve e sfuggente.

Il silenzio cadde nuovamente tra i due interlocutori, avvolto dai rumori sonnolenti del traffico rado e stentato sotto il sole del primo pomeriggio.

Rimanevano immobili nella cornice di luce gialla, ritagliata dalla finestra dentro la penombra; solo il respiro li ondulava lievemente ad un ritmo lento e sospeso.

Bezzi provò a schiudere la bocca per aggiungere qualche opportuna e pertinente osservazione a quanto appena esposto, ma non ebbe modo di pronunciare alcunché, trovandosi alle prese con il suo busto ed il suo volto che, proprio come quelli della sua ospite, avevano preso ad inclinarsi in avanti fino ad arrestarsi contro quelli dell'altro.

Il silenzio assunse una forma più densa e circoscritta nell'ombra luminosa.

Il buio giaceva ancora remoto nell'altro emisfero del cielo.

Cercare spiegazioni anche solo minimamente accettabili si presentava come un'impresa affatto disperata e completamente insensata. L'insieme delle motivazioni comprensibili risultava infatti assolutamente vuoto.

La fragranza di Morte Rossa invece, un connubio di intimità, epidermide e profumo, saturava Bezzi, che se ne stava immobile su un lato del letto, lo sguardo rivolto al soffitto.

La donna si era da poco addormentata, cedendo senza timore alla spossatezza, al caldo, che era montato pian piano nel corso del pomeriggio, ed alle tinte del crepuscolo, stemperate sul fondale tremolante del cielo.

Il respiro lento e profondo sembrava scandire uno stato d'animo sereno nei territori del sonno.

Condizione esistenziale che il commissario si trovò ad invidiare non poco, dal momento che i suoi pensieri, lungi dal fluttuare nel mare placido della tranquillità, continuavano a prendere forma di molesti interrogativi.

Il più antinomico di tutti era riconducibile all'avverbio interrogativo "perché" ed evadibile con il medesimo lemma in funzione di congiunzione (causale); insomma niente di differente da una tautologia infantile tipicamente espressa dallo schema "perché? perché sì".

Questo stava a significare che, fuor di dubbio, non vi era altra spiegazione a quanto accaduto se non il fatto stesso nella sua evidenza.

Il problema però era che un fatto del genere NON sarebbe dovuto accadere. Per nessun motivo al mondo.

Eppure era accaduto: cosa che, per quanti conati etici profondesse, Bezzi non riusciva a percepire come un male.

Quanto meno per lui direttamente. Altro e del tutto differente discorso si imponeva per la sua immagine, e per la sua carriera professionale: il pensiero che un commissario si congiungesse carnalmente con un killer professionista, nella cattura della quale risultava attivamente impegnato, superava ampiamente ogni concepibilità.

Insomma, la faccenda si prospettava come uno scontro all'ultimo sangue fra la vita privata e quella professionale di Bezzi.

Non restava dunque altra soluzione che evitare qualsiasi conflitto fra le due metà del commissario, tenendole rigorosamente segregate nelle loro rispettive sfere.

Questa ardua conquista razionale lo immerse nuovamente nel presente languido e saturo, rigato dalla sera che filtrava opaca e lattiginosa dalla tapparella semichiusa.

Il corpo della donna giaceva di lato, le spalle al commissario, in un dipanarsi armonioso di curve, sode e flessuose nella perfezione della giovinezza.

Un richiamo potente e melodioso verso una condizione irrimediabilmente trascorsa, avviluppata nel passato e, per poco, sicuramente troppo poco, riemersa dal limo dell'esistenza con l'incanto di un'illusione.

Ripensò, mentre la sua impossibile compagna ebbe un lieve sussulto che la portò a girarsi verso di lui, le ciocche dei capelli un po' sudate eppure armoniosamente composte lungo il viso abbandonato nel sonno (e forse nel sogno), al suo amico Feraboldi ed alla sua passione, altrettanto impossibile ed assai meno carnale, almeno per il momento, verso la giovane e brillante studentessa d'oltralpe.

Più assennato di quanto lo era stato lui, non aveva ancora ceduto alla tentazione del rimpianto, che già il commissario sentiva affiorare alle labbra del suo sentire.

Eppure la giovane ed assoluta bellezza che aveva davanti ai suoi occhi sembrava possedere una verità più elevata e più incontestabile; un edificio incrollabile sulle macerie del trascorrere umano.

Un protendersi verso l'inafferrabile che non necessitava di alcuna spiegazione se non il fatto di esserci.

Allungò una mano verso Morte Rossa con l'intenzione di sfiorarle i capelli e proseguire lungo la linea delicata del viso.

Ma desistette perché non voleva svegliarla.

Si sfilò allora silenziosamente dal letto e si rivestì indossando un paio di jeans di cotone sottile ed una maglietta rossa a tinta unita.

A piedi nudi si diresse verso la cucina, socchiudendone piano la porta.

Senza esattamente sapere perché, si mise a preparare una cena leggera e gustosa. Lo fece cercando di immaginare i gusti di Morte Rossa, anche se non aveva proprio nessuna idea e non disponeva di alcun indizio utile.

Ma, in fondo, la cosa aveva poca importanza: non sapeva neppure se la donna avrebbe accettato l'invito, piuttosto che scomparire nuovamente nella notte, tornando ad occupare il suo lato della barricata.

Fu il fruscio della porta a scomparsa a catturare la sua attenzione mentre, chino sui fornelli, si apprestava a rimestare in una pentola bassa e larga una discreta quantità di cous cous. Separatamente, aveva già preparato il misto di verdure con cui lo avrebbe cosparso, una volta che anche questo fosse stato pronto.

Per rimanere sul tema esotico, aveva allestito anche due piccole porzioni di gazpacho, che ora giacevano nel freezer, in attesa di raggiungere la giusta temperatura di servizio. Al loro fianco, sul medesimo ripiano, si rinfrescava una bottiglia Catarratto, da poco prelevata dalla dispensa. Ancora qualche minuto e sarebbe stata fresca a sufficienza da esaltare al massimo la cena vegetariana, completata da un vassoio di frittelle di ceci.

Morte Rossa era in piedi, appoggiata allo stipite della porta, senza alcun capo addosso. Lingerie compresa. Bezzi rimase per alcuni istanti interdetto dalla qualità intima che pareva promanare dal contesto, prima di tornare a prendersi cura del cous cous che borbottava nell'acqua bollente.

– Ti va una cena poco impegnativa? Giusto qualcosa per riempire lo stomaco in quest'ora notturna ed affamata… – parlò guardando fisso nella pentola, fino a quando non spense il fuoco e si voltò senza indugio verso di lei.

La donna non si era mossa di un centimetro e continuava ad osservarlo in silenzio, gli occhi incerti fra la disciplina del desiderio e qualcosa di assai meno gradevole rimestato dal frullo dei pensieri.

Bezzi fece per andarle incontro, ma venne fermato dal suo gesto leggero ed imperioso.

– Vado a rivestirmi.

– È davvero necessario?

– Indispensabile.

– È una cena fredda, può attendere…

– La cena non c'entra. – gli rispose volgendogli le spalle.

Le sue linee perfette svanirono nel buio del corridoio.

Al commissario non rimase che apparecchiare in silenzio.

Capitolo 22

29 giugno 2014

Ricordo ancora perfettamente il giorno in cui nacque.

Un accrocchio indifeso al riparo del suo stesso sonno nel fascio di asciugamani bianche in cui era stato avvolto.

Così almeno mi apparve quando, finalmente, anche ai parenti fu concesso di vederlo.

Stava lì, pulsante del suo nuovo respiro, accoccolato tra le braccia di mia sorella che lo aveva consegnato all'abbraccio maligno del mondo.

Faceva caldo nella stanza di degenza, l'aria intrisa dell'odore gommoso dei medicamenti e di quello persistente e stantio della fatica di esistere. Sudore, umori del corpo spolverati dall'essenza di qualche deodorante.

Era piccolo allora, poco meno della lunghezza di un avambraccio, senza forza nei muscoli, senza nerbo nelle ossa, senza vista nello sguardo dei suoi occhietti ancora ciechi alle forme.

Era l'odore della madre, così mi venne detto, a regalargli la quiete del sonno; il contatto con il petto che lo avrebbe sfamato di lì ai mesi successivi. La calda morbidezza del seno già turgido e prossimo a stillargli la vita nella bocca minuta come quella di un pesce.

Non colsi allora, nella assoluta immaturità del suo essere, le premesse del suo futuro splendore.

Chiesi di poterlo prendere in braccio, cosa che mi fu concessa a patto che gli sorreggessi con cura la testa, appoggiandone la schiena nell'incavo del mio braccio, poiché non aveva ancora, e non avrebbe avuto per un certo tempo, la capacità di reggersi da solo.

Temevo si sarebbe svegliato a causa del distacco, e, invece, continuò a dormire placidamente, forse sfinito dall'essere nato o, forse, percependo nella mia pelle il legame con sua madre.

Lo tenni così, con il volto all'insù, per alcuni minuti.

Emanava un odore sconosciuto, l'essenza inerme e densa dei suoi primi respiri fuori dal ventre materno.

Era caldo, un calore concentrato, alimentato dal suo cuore che batteva veloce: un lieve rincorrersi di sussulti che udii appoggiando l'orecchio al suo petto.

Parve gradire questo gesto di pura curiosità, perché una smorfia simile ad un sorriso in miniatura ne increspò le labbra.

Infine si risvegliò, stringendo a pugno le piccole mani ed emettendo un gorgoglìo fioco, mutatosi rapidamente in un gemito cieco.

Non aveva fame, era nato da ancora troppo poco per poterne sentire lo stimolo, e non sembrava manifestare dolore di alcun tipo.

Semplicemente aveva preso a piangere, d'improvviso e con forza.

Lo restituii a sua madre e, con un pretesto che non ricordo, lasciai la stanza.

Il corridoio pullulava di culle ospedaliere, trasparenti come teche per rettili, in un via vai di sospiri e strilli strozzati.

Tre lustri sono trascorsi da quel giorno e lui è cresciuto senza sosta, modellato sempre più perfettamente dalla sua stessa bellezza.

La statura si è allungata, le ossa sono divenute forti e sottili. I muscoli guizzano, ancora un po' acerbi, sotto la pelle candida e liscia. Si sono venute definendo le proporzioni nella loro grazia flessuosa, ad un passo dal femmineo eppure così graniticamente maschili.

Cammina spedito verso la perfezione mio nipote e ciò mi riempie di gioia e mi danna allo stesso tempo!

Mi domando il perché di questo destino così feroce: dover immolare la carne a me cara al volere dell'arte.

Vorrei poterlo non fare ma so che mi sarà impossibile evitarlo e forse, nella disperazione, ho scorto il motivo profondo di tutto ciò.

Sono come l'eroe delle tragedie greche, che tante statue hanno ispirato: si compirà per me un destino crudele, come Edipo quando uccide il padre. Sigillo del mio soffrire e della mia eccezionalità su tutti gli altri mortali.

A poco più di quarantotto ore da quello che temeva essere stato il secondo e ultimo incontro con Morte Rossa, Bezzi giaceva abbandonato sul divano di casa sua, macerato da brividi di spossatezza, gli occhi spalancati sui piccoli led del suo impianto Hi-Fi, due fessure rosse con un che di minaccioso nella loro fissità funzionale.

Non si trattava di una questione puramente emotiva, così almeno non pareva essere, quanto dello spazio attorno alla condizione di assenza. Un'area vasta, uniforme ed indistinta in cui era stato dragato dopo il saluto frettoloso e distante con il quale la giovane donna si era accomiatata dal suo appartamento, nel manto di tepore della notte estiva.

Muovendosi come un cieco che conosce perfettamente l'ambiente a lui familiare, si alzò dal divano e, senza sceglierlo, prelevò un CD dalla nutrita schiera di simili, e lo sostituì a quello che aveva appena terminato di suonare (una vecchia collection di Bob Dylan and The Band).

In quel momento, a dire il vero, avrebbe preferito il suono più datato e concreto di un LP, ma si sentiva semplicemente troppo apatico per compiere tutte le operazioni necessarie a riprodurlo in modo appropriato.

Premuto il tasto di avvìo sul lettore, atterrò nuovamente sul divano, lasciando che l'attacco vasto e profondo di sassofono introducesse il motivo principale di Angel Eyes, sulle cui note i ricordi del commissario ripresero dal punto in cui si erano interrotti.

La cena era stata consumata nel silenzio pressoché totale, alternato a qualche neutra osservazione sulla qualità dei piatti allestiti da Bezzi e dalle parole di ringraziamento di quest'ultimo.

Masticando il cibo lentamente, con metodicità cadenzata, estesa anche allo svogliato sorbire del vino, avevano impiegato più di un'ora a terminare le poche portate.

Gli sguardi che si erano scambiati, durante quell'estenuante centellinarsi del tempo, erano stati rapidi, fugaci ed insistenti: un ripetersi, da parte di entrambi, della stessa muta domanda e della stessa silenziosa risposta.

La presa di coscienza, oltre la dimensione illusoria dell'eros, dell'impossibilità di qualsiasi legame o anche solo di qualsiasi prospezione relazionale protratta oltre quella specie di intaccatura temporale ormai prossima al termine, li accompagnò, invisibile ed asfissiante come una prolungata apnea, fino al momento in cui Morte Rossa, volte le spalle al commissario, non scomparì dietro il richiudersi della porta di ingresso.

Dopo il clac della serratura il silenzio divenne assoluto.

I passi della donna non risuonarono, né sul pianerottolo, né sulle scale che aveva dovuto imboccare dal momento che non si era udito rumore alcuno dell'ascensore, vecchio e piuttosto cigolante.

Solo, dopo meno di un minuto, uno scatto attutito, disperso nei pochi relitti sonori della notte fonda, annunciò che anche il portone del palazzo era stato oltrepassato, tremolando per un istante prima di tornare nella posizione di riposo.

I due giorni successivi erano scivolati per inerzia lungo la superficie del tempo, privi di qualsiasi segno distintivo, assorbiti da un vuoto caparbio di pensiero e volontà.

Anche le condizioni esterne, per così dire, non si erano rivelate di particolare aiuto, dal momento che il caso del killer con velleità da scultore languiva, come per altro continuava a fare da oramai venti anni.

Le ricerche svolte da Feraboldi non avevano dato alcun esito soddisfacente e neppure interessante.

Gli Ordinari, gli Associati ed in generale tutto il personale accademico legato a facoltà o materie artistiche ed archeologiche passati a miglior vita, parevano averlo fatto in modo del tutto naturale.

Nessuno scandalo o presunto tale era mai scoppiato nel corso di oltre mezzo secolo, vale a dire l'intervallo cronologico di sessant'anni che Bezzi e Feraboldi avevano deciso di prendere in considerazione, per essere ragionevolmente sicuri che nulla potesse sfuggire.

Nessun evento particolare era stato registrato nelle generazioni studentesche che si erano succedute.

Insomma, pareva non essere disponibile alcun materiale utile a dare una svolta, o anche solo una direzione meglio definita, all'indagine.

Un humus quanto mai favorevole a macerare pensieri in forma di rimpianto e di nostalgia per quanto appena trascorso, per quanto non sarebbe potuto accadere, per quanto era invece accaduto nel passato più remoto.

Un po' infastidito dal caldo (aveva preferito tenere chiusa la finestra del salotto per non udire i rumori vocianti della strada), si sollevò dal divano e si avviò lentamente verso la cucina, dove estrasse dal frigo una bottiglia di acqua gelata dalla concentrazione di anidride carbonica ai limiti della reazione nucleare.

Sorbiti alcuni sorsi, il sudore che aveva preso a scorrere copiosamente sulla nuca, abbassò il volume dello stereo fino ad ottenere un fruscio ritmico e melodico a stento udibile e compose il numero di cellulare di Marta.

Come aveva immaginato, tutto procedeva normalmente nell'esistenza di sua figlia, impegnata a trascorrere nel sole e nella sabbia i primi giorni dell'estate e, forse, a riallacciare le amicizie e le conoscenze lasciate in sospeso dall'anno precedente, al momento di fare ritorno a Milano.

Egualmente procedeva la vita, anzi la nuova vita, della sua ex moglie e del suo compagno Cosimo.

Esistenze concrete, apparentemente prive di giochi dell'impossibile, dei quali, probabilmente, non avevano bisogno e non sentivano necessità.

L'idea di un paragone accurato con la sua lo scoraggiò a tal punto che preferì tornare a concentrarsi sul caso, sforzando la mente verso i pochi elementi di cui disponeva.

Cosa aveva potuto spingere un uomo verso una pazzia così lucida e sensata? Verso una forma così ossessivamente curata di omicidi seriali, il cui motivo dominante e paradossale sembrava proprio essere la bellezza? Venerata, perseguita fino al punto da darle vita attraverso la morte. Eppure, per quel poco di cui era a conoscenza riguardo ai serial killer (qualche lettura d'ufficio e poco più, dal momento che non si era mai imbattuto prima in criminali di tal genere) alla base, al fondo dell'agire di quello squilibrato ancora senza volto ed identità, nonostante fossero trascorsi venti anni dal momento in cui aveva dato inizio alla sua astrusa opera, doveva annidarsi qualche motivazione decisamente più concreta che la pura passione per le sculture del mondo greco.

Era proprio quello il punto: capire, comprendere, forse condividere, il messaggio profondo contenuto in quella folle galleria di cadaveri.

Soppressi, sottoposti ad un lungo e meticoloso trattamento, acconciati nella posa e nel modo del modello che dovevano imitare e, infine, esposti al mondo.

"Già, esposti" meditò.

Per quale motivo? Perché non accontentarsi di una collezione privata, per così dire?

Semplice narcisismo esibizionista? Un tratto non infrequente negli assassini seriali. Senza dubbio. Ma ci doveva essere comunque una motivazione, legata al vissuto del criminale.

E qui il cerchio si chiudeva su se stesso, circoscrivendo il vuoto delle risposte del commissario.

Tormentato dalle sue stesse riflessioni come una mucca dallo sciamare dei tafani, si alzò nuovamente ed interruppe la riproduzione del CD che aveva da poco inserito nel lettore, sostituendolo con un'antologia di ragas: brani dalle lunghe introduzioni, placide e screziate da infinite sfumature stilisticamente coerenti della stessa scala. Proprio quello che gli occorreva per modellare i suoi pensieri sul tema dominante.

Per essere sicuro di non venire disturbato in alcun modo, contattò il commissariato riferendo che si sarebbe fatto vivo entro un paio di ore e di non provare a contattarlo.

– Commissario, – domandò Baroni ansioso – e se scoppia qualche cazzo?

– Quelli di solito non esplodono.

– Questo lo dice lei. Provi a stare una settimana senza sco...

– Baroni, le dinamiche della tua fisiologia ormonale in questo momento non mi interessano per nulla. Anche in generale a dire il vero. Quello che invece mi preme comunicarti è che, fino a quando non mi faccio sentire io, dovete sbrigarvela da soli!

– Ricevuto, commissario, – ribatté l'agente – ma...

– Dimmi, ma fai in fretta.

– Ha un impegno tanto importante? – domandò trasudando curiosità da ogni poro epidermico – Non è che, a proposito di ormoni, sta andando...

Un clic elettronico interruppe la conversazione, abbandonando Baroni ad un inconsapevole monologo, che si concluse con una forbita sequela di male parole una volta che l'agente ebbe compreso la situazione.

Nel frattempo Bezzi aveva spento il cellulare e staccato la linea domestica, operazione che eseguì anche sul citofono.

Era consapevole che avrebbe dovuto scavare a lungo nei suoi pensieri, in una condizione iniziale di buio assoluto, prima di riuscire ad afferrare la risposta che andava cercando e della cui esistenza si sentiva istintivamente sicuro.

Non poteva concedersi alcuna distrazione o, ogni volta, avrebbe dovuto ricominciare daccapo e, onestamente, dubitava di averne le forze, con l'immagine di Morte Rossa e della sua infinita bellezza pronta a sfondare la porta della sua mente da un momento all'altro.

Avviata la riproduzione del CD, si accomodò sul divano e chiuse gli occhi, mentre il suono complesso e nostalgico di un sitar si intrecciava al silenzio con note nette e tremule. L'attenzione concentrata sulla melodia, sprofondò lentamente nel tessuto musicale che si dipanava dentro la sua mente assieme al filo dei suoi pensieri.

Una meditazione composta ed onirica alla fine della quale, poco prima che avesse termine l'ultimo brano dell'antologia, gli occhi di Bezzi si spalancarono pronti a passare all'azione.

Adesso aveva un'idea del perché. C'era solo da sperare che non fosse sbagliata.

Capitolo 23

– Zio?

– Dimmi.

– Eri bravo in greco?

– Me la cavavo più che bene, perché?

– Niente. Chiedevo così per chiedere…

– Ne sei sicuro?

– In effetti non proprio… – rispose invitandolo a seguirlo in camera sua, dove, senza finzione alcuna di casualità, un vocabolario di greco dalla copertina rossa si trovava aperto a fianco di un libro di versioni.

Sommerso, in parte da un volume in parte dall'altro, un foglio a righe quasi interamente bianco, fatta eccezione per qualche parola vergata a matita, giaceva negletto ed un po' spiegazzato.

– Di che autore si tratta? – gli domandò scompigliandoli i capelli con una gesto rapido e leggero.

– Tucidide. Non ci capisco nulla!

Il tono era lamentoso ed insofferente: una perfetta simulazione di incolpevole frustrazione.

– Se non spremi ben bene le meningi non caverai mai neanche una frase da uno come lui. Stile ellittico, al limite dell'oscurità…

– Me ne sono accorto, zio.

– E quindi, nipote, cosa vorresti da me?

– Una mano, ovviamente!

– Solo quella? – ribatté sorridendo.

– Di una mano mi posso accontentare. Certo se poi volessi fare tutto tu… – insinuò aprendosi in un sorriso obliquo.

– Non se ne parla neppure! Non impareresti nulla così. Avanti, vediamo un po' dove hai difficoltà. Una frase, massimo due, e non di più. Vedi di selezionarle con cura.

– D'accordo: sceglierò quelle più lunghe allora.

– Sei proprio un lavativo, nipote!

Nessuno come lui riusciva a suscitare la sua simpatia. Immediata ed incondizionata.

A volte gli sembrava che sua sorella avesse messo al mondo il figlio suo e non quello di suo cognato. Un uomo di una mediocrità assoluta, incolore come la sua stessa esistenza.

Il ragazzo invece si era da subito rivelato un tipo sveglio e intelligente.

Svogliato verso quasi tutto, come molti suoi coetanei, ma dotato di un sentire acuto e penetrante, ogni qual volta si risolveva a farne uso.

Possedeva un istinto estetico profondo ed immediato, che le sue abili mani sapevano tradurre in disegni corposi e plastici.

Un dono immenso, che aveva fatto la sua comparsa già durante l'infanzia del ragazzo, regalandogli momenti di creatività assorta ed intensa.

Un talento che, pur essendone assolutamente all'oscuro, condivideva con il suo unico zio, dal momento che quella nullità del padre non possedeva, per fortuna del genere umano, alcun fratello o sorella.

Il pensiero che non avrebbe potuto crescere, ed anche invecchiare, come tanti altri avrebbero fatto a differenza sua, lo trafisse con una violenza devastante ed improvvisa.

Tanto che, mentre si stava per chinare sul testo della versione per iniziare ad esaminarlo, ebbe un sussulto intenso, quasi uno spasmo, che lo fece impallidire.

Fingendo il meno improbabile dei sorrisi, domandò al nipote se poteva procurargli un bicchiere di acqua bella fredda, prima di accingersi al faticoso ufficio della traduzione.

Fortunatamente, quei pochi attimi di solitudine gli furono sufficienti a ritrovare la calma ed a restituire il giusto significato ad ogni cosa.

Doveva accettare con grata rassegnazione che suo nipote fosse un essere eletto e non una semplice, anonima, pedina nella scacchiera dell'umanità.

La prova d'amore che lo avrebbe atteso di lì a qualche anno sarebbe stata tanto terribile quanto immensa, proprio come il sorriso degli dei, così simile al suo.

Perché di un dio si trattava, ma ancora avvolto da spoglie umane.

Una grande e meticolosa opera lo avrebbe trasformato, divenuto maturo il tempo, in ciò che meritava di essere, una volta attraversata, nel modo più dolce possibile, la soglia della morte.

Eppure, se solo si fosse sbagliato, se un altro e più perfetto esemplare fosse comparso davanti ai suoi occhi prima del fatidico giorno...

– Ecco zio: gelata come piace a te. Ci ho anche aggiunto qualche cubetto di ghiaccio.

– Grazie, grazie davvero. Vieni qui, sediamoci uno a fianco all'altro – propose indicando la scrivania – e vediamo di decifrare i pensieri del più grande storico greco.

Il ragazzo obbedì volentieri, porgendogli il bicchiere che stillava gocce vaporose.

Averlo così vicino gli permise di percepirne l'odore: intenso ed un po' scomposto come era normale alla sua età.

Eppure non così distante da quello che possedeva quando era ancora un bambino.

Quando Bezzi riaccese il cellulare, questo si produsse in una raffica di trilli gracchianti, ognuno corrispondente ad una chiamata non evasa. Ne contò cinque, prima che l'ammonente squillare avesse termine con un ultimo rintocco, di timbro diverso ma di quasi identica finalità, che lo avvisava di aver ricevuto anche un messaggio di testo.

Tutti provenivano dal medesimo numero, al commissario del tutto sconosciuto, ma che non ebbe difficoltà ad attribuire ad un volto, per altro di notevole bellezza, non fosse altro che per il contenuto del messaggio.

"Ho provato più volte a contattarti, ma pare proprio tu sia staccato dal mondo. Immagino sia perché stai facendo qualcosa di importante e quindi, ancora per un po' almeno, non voglio disturbarti. Ma non per molto. Quindi appena hai finito di leggere chiamami. Io attendo."

Il messaggio risaliva a circa mezz'ora prima.

Bezzi non provò neppure a far rintracciare il numero da qualche suo collega: era più che certo si trattasse di un cellulare usa e getta.

E, non da meno, non aveva alcuna intenzione di ricondurre il suo rapporto con Morte Rossa su binari professionali.

Sarebbe giunto il tempo, la necessità. Ma non voleva accadesse in quel momento.

Bastarono due squilli perché si aprisse la linea

– Hai fatto appena in tempo: stavo per venire a bussarti.

– Ci... ci sono cose che dovremmo dirci. – azzardò Bezzi nella speranza di aver centrato il tema della conversazione.

– Sì, ci sono, ma non possiamo farlo.

– Perché?

– Perché prima di loro viene l'impossibile. E noi ci siamo immersi fino al collo. Prospettive di uscita non ne vedo nessuna.

– Potrei anche dimenticarmi di essere un commissario. Per un po'…

– E io di essere un killer professionista, per il tempo che occorre. Ma… – ci fu un attimo di sospensione nel fluire del suo discorso, che colse Bezzi di sorpresa. Come se un sussulto avesse inceppato, per non più di un istante, la corsa regolare della puntina su un LP in perfette condizioni – … non credo sussistano i minimi presupposti a prescindere. – la puntina aveva ripreso la sua corsa: fluida e controllata.

– Perché lo dici?

– Perché mi serve una spiegazione. Detesto non averne una per ogni mio istinto o sensazione.

– D'accordo. Ti convince?

– Che cosa?

– La tua affermazione.

– Non lo so e non mi importa in questo momento. Conta solo che abbia dato forma a qualcosa che sento.

– Un fastidio o uno stato emotivo un po' più travolgente?

– Ambedue: una passione fastidiosa. Non compatibile con quello che sono e con quello che sei.

– Cosa sono?

– Un uomo che non porta il mio futuro dentro le sue tasche.

– E tu? Neppure tu porti il mio futuro dentro la pochette?

– Io il futuro non lo porto proprio. Neppure il mio. Da quando ho coscienza vivo solo di presente.

– Il presente è il mio tempo esistenziale preferito. Soprattutto quello indicativo. Del congiuntivo e del condizionale mi fido meno.

– Non farmi ridere: abbassa le difese o poi mi trovo costretta ad estrarre la pistola.

– Sarò serissimo allora: ho fatto progressi con il nostro serial killer.

– Ti ascolto.

– Non è sicuro parlarne per telefono.

Nuovamente un attimo di silenzio, questa volta sperato.

– Non sognarti che ti inviti a casa mia.

– Non ne vedo il motivo. La mia è libera e tu sai dove si trova.

– D'accordo. Dimmi quando.

– Domani sera. Le prossime ore mi servono per capire come catturare il killer. Non tu ovviamente; l'altro.

– Non sei spiritoso. A domani.

– Ciao.

– Tiziano, raggiungimi in commissariato: ho partorito un'idea niente male sul nostro omicida artistico.

– Mi stai dicendo che, grazie al tuo genio insuperabile ed al tuo formidabile intuito, non ti sono più utile? – domandò l'amico frustrato dal non aver reperito ancora niente di interessante per l'indagine nelle ricerche svolte nell'ateneo.

– Tutt'altro! Se siamo fortunati, e, quindi, se ho visto giusto, si tratterà di incrociare i dati.

– Cioè? – domandò impaziente.

– Dai, vieni qui che ti spiego. e nel pacchetto "illuminazione" includiamo anche un aperitivo a base di stout, noci e olive in calce.

– Un abbinamento tipicamente estivo…

– Proprio per nulla! Ma per fortuna, almeno finché non si guasta un'altra volta, qui disponiamo di uno splendido impianto di aria condizionata risalente all'ultima era glaciale.

Vedrai che fresco, mentre sorseggi la schiuma densa e amara, coniugandola con la pastosità oleosa racchiusa in quel guscio rugoso e dall'aspetto antico…

– E se ti confessassi che le stout non sono il mio genere?

– Sarebbe un vero peccato: decadrebbe l'invito seduta stante.

– Questa è una risposta a dir poco scorretta, Fulvio! – protestò indignato Feraboldi.

– Dai Tiziano, stavo scherzando! Va bene una Ale?

– Molto meglio. Soprattutto per la mia traspirazione.

– A che ora puoi essere qui? Così ordino al pub e faccio portare da me.

– Concedimi mezz'ora: oggi sono nella sede di Bicocca.

– D'accordo: per le 18.30 allora. Le noci sono accettabili o mi tocca tornare al supermercato a cambiarle con qualcosa di più esotico? Che so io… arachidi o noccioline americane, quest'ultime sicuramente più adatte ai calori della stagione attuale.

– Le noci vanno benissimo, così come le olive in calce. Fulvio? – aggiunse dopo un attimo di silenzio.

– Dimmi Tiziano.

– Hai un tono diverso dal solito oggi, rispetto a quando ci siamo sentiti l'ultima volta. Come se… ti avessero addizionato con più anidride carbonica. È accaduto qualcosa di recente? Ipoteticamente, magari, con la bionda letale?

– Sono davvero diventato così prevedibile e decifrabile?

– Non più di tutti noi altri mortali quando si toccano determinati… argomenti.

– Quali ritieni che siano?

– Non lo so. Dimmelo tu, Fulvio.

– Argomenti che sarebbe stato meglio non aver suscitato, creato, autorizzato. Ma non credo di avere colpe particolari riguardo a questo. Né, molto probabilmente, neppure di aver potuto scegliere…

– Fulvio, decidi fra "sì" o "no". Avete fatto l'amore?

– Sì. – rispose senza esitazione, provando una sensazione male assortita di slancio e soffocamento insieme. Come se avesse spiccato il volo per deroga momentanea delle leggi di gravità: un decollo incontenibile verso un precipitare rovinoso.

– Hai idea – ribatté l'amico confuso e costernato – di quanto sia pericoloso aver concretizzato questo tuo sogno di quasi mezza età?

– Non è un sogno. Non lo è più. Per il momento è realtà impossibile, sospesa in una bolla già pronta a scoppiare. Presto, prestissimo, diventerà un incubo da cui ignoro se saprò risvegliarmi. Ma non posso farci nulla, Tiziano: non ho modo di difendermi dai suoi occhi. Non l'ho cercata, non la volevo, non la prevedevo. Ma non posso negare che ora c'è; una donna di cui non conosco neppure il nome, e delle cui briciole non voglio fare a meno. Oltre a questo…

– Lascia perdere, Fulvio. Non c'è bisogno che aggiungi altro. Cambia invece l'ordine per il pub: prendo anche io una stout. Nera e amara da non poterne fare a meno in una situazione come questa.

– Ci speravo, Tiziano. A fra poco.

Capitolo 24

– Cominciavo a pensare che avessi cambiato idea.

– Non ci sei andato lontano: stavo per farlo. Avevo quasi rinunciato a venire.

– Ovviamente ti saresti premurata, nel caso, di avvisarmi del cambio di programma…

– Non ce ne sarebbe stato bisogno. Lo avresti capito. E avresti compreso.

– Ci sarebbe stato poco da capire.

– Bene, comunque adesso sono qui.

– Per poco o per molto?

– Per l'ultima volta. Quanto durerà non ne ho idea. E preferisco non averne. – aggiunse distogliendo lo sguardo verso lo spiraglio di luce che filtrava dalla cucina.

La sera era entrata nella casa di Bezzi con la sua oscurità lattiginosa.

Le luci dei lampioni tingevano l'ombra, donando al volto del commissario una trasparenza chiaroscurale.

– Perché l'ultima? – domandò interdetto – Non vedo così tanta urgenza…

– Perché dopo sarebbe ancora peggio. Ogni volta un po' di più. Fino a ritrovarci dentro qualcosa di cupo. A proposito: accendi la luce. Per favore.

– Conosci la mia casa. Hai forse motivo di avere paura? – scherzò il commissario.

– Forse sei tu ad aver paura di qualcosa, dato che te ne stai avvolto nell'ombra.

– In effetti – ammise – temo l'assenza della tua bellezza.

Quindi meno bene riesco a vederti, meno doloroso sarà non vederti più.

– Piantala e accendi la luce! – ribatté dopo un istante di silenzio – Se preferisci bendati prima, ma leva questa oscurità dalla stanza.

– D'accordo.

Allungò la mano sull'interruttore e lo premette lentamente.

Dal lampadario si diffuse la luce fredda ed intensa dei led.

La tavola era stata accuratamente apparecchiata.

Alcuni stuzzichini, verdure, olive e gamberetti in pastella avvolti in piccoli coni di carta gialla, ne occupavano il centro.

– Hai fame? – le domandò avviandosi verso la cucina, dopo averle frettolosamente volto le spalle

– Un grande appetito. – rispose la donna dirigendosi verso la camera da letto.

Bezzi ripose allora nel frigo la bottiglia che aveva appena estratto e la raggiunse.

Morte Rossa aveva lasciato la luce spenta. L'amore lo consumarono quasi senza vedersi.

Anche il piacere di entrambi arrivò avvolto nel silenzio prolungato dei respiri.

– Te la cavi proprio bene ai fornelli. Ci vuole poco a capire che è una passione.

– Non ti sbagli.

Era ormai notte fonda, la risicata sede stradale di via Cesare da Sesto deserta di qualsiasi rumore e di qualsiasi segno di passaggio.

Una stanchezza profonda sembrava essere calata sulla città, gli occhi delle finestre chiusi dalle tapparelle abbassate e dal buio dentro le stanze.

L'appartamento di Bezzi faceva eccezione, con il suo salotto illuminato da una luce soffusa, quella della piantana vicino alla libreria, ora che, acquietato temporaneamente il desiderio, il senso di trafittura provocato dalla vista della donna era andato mitigandosi di pari passo.

Nonostante fossero le quattro del mattino, avevano appena terminato di consumare gli stuzzichini che ormai attendevano da ore sul tavolo, guidati da una fame trascurata ed indomabile.

– E tu – proseguì il commissario – ne hai di passioni? A parte… – si fermò, evitando così una battuta scontata e di pessimo gusto. Forme di umorismo incompatibili con la persona che gli stava seduta di fronte, i capelli lisci sparsi sulla linea delle spalle, gli occhi solo leggermente appesantiti dalla stanchezza.

– Può darsi, ma non è questo l'argomento che vorrei trattare ora. Dal momento che non ci rimane molto tempo prima che tu debba tornare in commissariato, preferirei impiegare la durata di questa cena, che dalle premesse promette di essere squisita, concentrandoci sul nostro serial killer. Sono pronta ad apprendere i progressi che mi avevi preannunciato al telefono.

– D'accordo. Porto il primo ed iniziamo.

Si alzò e raggiunse con pochi passi la cucina, dove saltò in padella un piatto di spaghetti di farro conditi con pomodoro e menta, che aveva già cucinato, fino a renderli croccanti e compatti.

Lì suddivise in due piatti piani, ricoprendoli con alcune scaglie sottili di pecorino, e li servì.

– Bene, – iniziò dopo aver arrotolato attorno alla forchetta una massa compatta e profumata – come ho già spiegato ai miei collaboratori...

– Ed anche al tuo amico, mi risulta. – lo interruppe la donna.

– Non ti sfugge proprio nulla.

– È molto difficile che accada, in effetti.

– Quindi controlli i miei movimenti?

– Non è rilevante se lo faccio o no. Prosegui, per cortesia.

– Va bene, – si rassegnò Bezzi suggellando la resa con un sorso di Tocai – il killer, come abbiamo già avuto ampiamente modo di comprendere, ha una passione, malata, per l'arte greca, le cui opere scultoree ricrea attraverso le sue vittime. Agisce in modo molto meticoloso, secondo il principio della sezione aurea e dei suoi derivati concettuali e simbolici. Insomma, il suo modus operandi è fin troppo evidente. Quello che invece non ci è stato in alcun modo palesato o manifestato, sono le motivazioni del suo agire. Un aspetto, questo, che è stato completamente sottaciuto dall'assassino.

– Ma che non può mancare.

– Esatto. Per quanto si possa essere completamente, assolutamente, sconfinatamente pazzi e sadici, un agire così strutturato, meditato e pianificato, non può reggersi sulla mera gratuità. Deve avere un fondamento, e questo deve essere in qualche modo ravvisabile e rintracciabile nelle caratteristiche degli omicidi compiuti.

– E quindi, quando l'altro giorno risultavi irreperibile, era perché ti eri messo a meditare sull'argomento.

– "Meditare" è in effetti il termine corretto. Mi è stato necessario sprofondare nei miei pensieri per poter spremere una ipotesi plausibile e, forse, utile.

– Bene, esponimela allora.

La donna aveva terminato la sua porzione e lo osservava con un'intensità fissa e profonda, ma non immobile. Dallo sguardo leggermente socchiuso traluceva un luccichio sottile ed acuto che Bezzi non riusciva a decifrare in alcun modo, per quanto ne avvertisse gli effetti nel formicolio che, dalla nuca, si diffondeva lungo tutta la schiena.

– Vediamo se ci arrivi da sola… – azzardò invitandola ad un brindisi che venne accordato.

– D'accordo.

Le fessure degli occhi erano divenute impercettibilmente più sottili

– Se le si osserva con maggiore attenzione e le si confronta con maggiore cura con i loro modelli originali, tutte le vittime presentano una differenza rispetto alle statue a cui sono ispirate. E, aggiungo, il tipo di differenza rimane ogni volta il medesimo…

– Si tratta di qualche dettaglio particolarmente minuto?

– Tutt'altro direi! Decisamente macroscopico e così immediatamente evidente da risultare invisibile a sguardi troppo attenti ai dettagli, come affermi tu. Qualcosa che io stesso avevo fin da subito notato con la ragazza che abbiamo ritrovato nei Giardini Pubblici, ma a cui non avevo attribuito la dovuta importanza, interpretandolo come un particolare fine a se stesso, o, tuttalpiù, connesso alla precisione meticolosa del killer.

– Mi riesce sinceramente difficile mettere a fuoco… – si rassegnò la donna dopo aver riflettuto per alcuni istanti.

– Pensaci bene, – ribatté Bezzi mostrandole le foto delle statue – cosa hanno in comune tutte, nessuna esclusa?

– Certo non la mano dell'artista che le ha realizzate… però – proseguì avvicinando lo sguardo alle immagini – tutte sono… mutile in qualche modo. Questa è l'unica caratteristica comune che riesco a riconoscere. –concluse sollevando gli occhi verso il commissario.

– Ed è proprio quello che ci interessa! – esclamò questi entusiasta – Concordi?

– Lo farei se avessi capito cosa hai in mente. – ammise.

– È semplice, semplicissimo invero. Le vittime sono integre, con tutti gli arti al loro posto. Quindi, in un certo senso, non sono copie esatte delle statue che riproducono, bensì riproduzioni di come queste avrebbero dovuto essere se non avessero perso qualche pezzo per cause accidentali di varia natura.

– D'accordo. E questo a cosa ti ha fatto pensare? A quale ipotesi ti ha condotto?

– Prova a riflettere pensando con la testa del serial killer. Cosa potrebbe significare per te ricreare copie di modelli ora incompleti ma un tempo anch'essi integri? Perché dovresti farlo?

– Perché anche io sono mutilo? – azzardò dopo aver riflettuto a lungo.

– Proprio così! – esclamò nuovamente – Sono convinto che anche al nostro assassino manchi qualche arto. E che la perdita del medesimo sia collegata ad un evento traumatico che è stato all'origine della sua ossessione e che ha innescato il suo percorso omicida. Un itinerario strettamente legato alla scultura greca per motivi che devono necessariamente rientrare nel contesto dell'evento traumatico che abbiamo appena citato. Ma c'è di più. – aggiunse.

– Cosa per la precisione?

– Come ci è stato spiegato dal medico che ha eseguito l'autopsia sull'ultima vittima, per riuscire a gestire e portare a termine un processo così complesso e delicato come quello della plastinazione occorre una preparazione adeguata e conoscenze che non si possono apprendere semplicemente leggendo qualche libro o visionando qualche video.

– Pensi che il killer sia un medico?

– Non necessariamente, ma, e cito ancora le parole del medico, sicuramente qualcuno che ha frequentato la facoltà di medicina per un periodo sufficiente ad imparare come maneggiare un cadavere. Qualcuno con una passione per l'arte greca che, molto probabilmente, è stata coltivata all'interno di un ambiente accademico.

– Quindi un soggetto che potrebbe aver frequentato entrambe le facoltà.

– Esatto. Ecco perché, dopo lo scarso successo delle ricerche compiute, ho chiesto a Feraboldi di fare un ulteriore approfondimento, dopo che noi ci saremo occupati di incrociare i dati e verificare se, anche a distanza di un lungo lasso di tempo, dal momento che non necessariamente il killer deve aver frequentato le due facoltà contemporaneamente o consecutivamente, risulti una matricola doppia, per così dire.

– Di quale approfondimento si tratta?

– Semplicemente appurare, sempre che ci sia ancora in vita qualcuno in grado di riferire elementi così remoti, se un eventuale nominativo potenziale corrisponda ad uno studente con qualche menomazione. Da parte nostra, faremo comunque i nostri accertamenti, così da toglierci ogni dubbio.

– Non è molto quello di cui disponi…

– Assolutamente no.

– Ma mi sembra comunque una buona ipotesi che vale sicuramente la pena di approfondire ed alla quale si aggiunge il dato non del tutto irrilevante che ti ho fornito di recente.

– In effetti, sapere che si tratta di un uomo attorno ai sessant'anni risulterà certamente utile a restringere il campo dei potenziali sospetti, qualora questi dovessero essere più di uno.

– Il secondo è già pronto? – domandò la donna cambiando argomento di punto in bianco.

Nel porre il quesito gastronomico aveva impercettibilmente spinto in avanti il suo calice fino a quando questo non aveva incontrato quello del commissario, producendo un tintinnio lungo e flebile, come il suono di una campanella di scuola udita da molto lontano.

– L'ho già approntato. Mi basta solo riscaldarlo qualche minuto. Ho preparato…

– Non ho appetito in questo momento. – lo interruppe seccamente, alzandosi da tavola e spegnendo la piantana. La penombra invase immediatamente il salotto come un animale in agguato nella sua tana.

– È così che preferisci, no?

– Ti ringrazio del pensiero, – rispose Bezzi riaccendendo l'interruttore – ma ora posso farcela anche con la luce.

– Per me non sarebbe un problema.

– Per me sì invece. Quando ci si abitua ad averti nello sguardo, farne a meno diventa terribilmente fastidioso.

Capitolo 25

– Ci vediamo sempre più spesso ultimamente, zio. – osservò il ragazzo camminando a fianco dell'uomo.

Il pomeriggio era divenuto improvvisamente caldo e prepotentemente estivo, nello scorcio iniziale di luglio. L'aria era insolitamente secca per una città come Milano e sembrava attraversata da un crepitio di carta stropicciata. Una specie di fruscio elettrico dietro il quale era forse in arrivo un fortunale breve e violento, anche se nel cielo uniforme non si scorgeva ancora neppure una nuvola. Solo il tremolio lieve delle foglie sugli alberi ed una leggera irrequietezza dei fili d'erba preannunciavano la possibilità di un vento più impietoso, che avrebbe potuto rimestare l'azzurro sconfinato sopra i tetti e le file di macchine.

Stavano attraversando il parco di Trenno, dove tutto aveva avuto inizio molti anni prima, senza una meta apparente. Una tranquilla e sonnolenta passeggiata dentro il cuore del pomeriggio, lungo i vialetti bianchi di polvere e, a tratti, sui prati piatti ed uguali.

Stava cercando la zona giusta, il punto più adatto per innalzare verso l'eterno il suo unico nipote.

La luce batteva crudele sul suo capo scoperto (non tollerava i cappelli in nessuna stagione dell'anno), procurandogli un lieve capogiro, disperso negli infiniti minuscoli riflessi dell'erba, dei sassolini, dell'asfalto e della terra sminuzzata dal calpestio.

A tratti non era neppure sicuro di trovarsi realmente lì, a fianco del giovane ragazzo che lo stava osservando con un sorriso semplice e netto.

– Be', normalmente ci frequentiamo così poco che, ogni tanto, mi fa davvero bene vederti un po' di più.

Ma se ti annoi dimmelo: prometto che non ti disturberò più fino all'autunno!

– Tutt'altro zio. Mi fa molto piacere stare con te. Sai un sacco di cose, anzi, hai quasi sempre una risposta per tutto e poi... avevo proprio voglia di fare due passi all'aria aperta. A proposito: stiamo andando da qualche parte in particolare?

– Non proprio caro... – rispose cercando un punto remoto dell'orizzonte – mi andava semplicemente di fare due passi con te in questo parco grande ed un po' monotono e... trovarci qualche angolo speciale. Sempre che ce ne siano.

– Cosa intendi per speciale, zio?

– Non lo so in effetti, – ribatté – ma questo, tutto sommato, non è un elemento essenziale.

– Come no! – esclamò un po' stupito il ragazzo – Se non sai cosa stai cercando, se non ne hai neppure la minima idea, come potrai mai riuscire a trovarlo?

– Infatti non la devo trovare io...

Lasciò volutamente la frase in sospeso, attendendo che dallo sguardo attonito del nipote emergesse a poco a poco una consapevolezza sempre più netta e definita.

Occorsero quasi una trentina di passi prima che ciò avvenisse e che il ragazzo esclamasse

– Ho capito: vuoi che sia io a trovarlo per te!

– Voglio che sia tu a trovarlo, in effetti, – confermò – ma non per me.

– E per chi allora? – il tono era nuovamente attonito, ma con una qualità di stupore più oscura ed incerta. Come se si trovasse di fronte ad un gioco di ombre in cui non gli era possibile distinguere alcuna forma.

– Per te. – lo rassicurò carezzandogli la sommità del capo. La mano indugiò qualche istante sui suoi capelli morbidi e puliti, smossi appena dalla brezza che aveva preso a soffiare con un'intensità lievemente maggiore.

– Non capisco, zio. Cosa intendi dire?

– Voglio che tu scelga un posto, un angolo, speciale all'interno di questo parco.

– Ancora non riesco a capire…

Lo sguardo vagava inquieto da ogni lato

– Immagina di dover restare qui a lungo…

– Quanto a lungo?

– Tanto, – riprese un po' infastidito dall'interruzione – ti piazzeresti in un posto qualunque?

– Credo di no. Se dovessi trascorrere un'intera giornata, o comunque diverse ore qui, credo in effetti che mi cercherei quello che mi piace di più. Magari un angolo con una bella vista, o quello dove passa più gente, così da sentirmi sempre circondato da qualcuno.

– Molto bene. È proprio questo che intendevo. Guardati attorno allora, mentre percorriamo il parco, e cerca di trovare quello che ti ho chiesto.

– D'accordo zio, ma… perché dovrei farlo?

– Questo è un segreto, – gli rispose rivolgendogli un sorriso un po' meccanico ma sincero allo stesso tempo – ma ti prometto solennemente che, quando verrà il momento opportuno, te lo svelerò.

Ammiccando, gli carezzò nuovamente la testa, poi, con lo sguardo, lo invitò a guardarsi attorno.

3 luglio 2014

È stata una giornata intensa ed impegnativa quella di oggi, scombussolata da un tempo inquieto ed imprevedibile.

Faceva caldo, inizialmente, questo pomeriggio, quando io e mio nipote abbiamo percorso in lungo ed in largo il parco di Trenno, con il nostro passo tranquillo e cadenzato. Un caldo, insolitamente, non appiccicoso e con qualcosa di elettrico nella sua secchezza.

Chissà, magari è stato generato da qualche corrente proveniente da zone desertiche...

Fatto sta che, sudando ma non patendo, abbiamo girato ogni angolo di quella vasta area verde e piatta, trafitta di quando in quando da qualche filare di alberi.

Devo confessare che è stato un pomeriggio segnato dal più grande e doloroso patimento per me, e ammettere di sentirmi ancora molto meno pronto e preparato di quanto credessi.

Forse è per questo che sto organizzando tutto con così tanto anticipo: do fondo adesso a tutta la sofferenza, nella speranza di ritrovarla devitalizzata quando sarà il momento di agire. Come se cucinassi oggi una pietanza il cui sapore mi disgusta per poi stivarla nel congelatore e consumarla dopo tre anni: potrebbe essere diventata, se non gradevole, quanto meno accettabile al mio palato.

A pensarci bene sembra proprio una situazione buffa: io, che sono monco di un braccio, non riesco fino in fondo ad amputare i sentimenti dal mio agire. Eppure un altro braccio mi sarebbe quanto

mai utile, mentre gli affetti non sono che un ostacolo, ingombrante e fastidioso, in questo momento.

Comprendo perfettamente le ragioni del sangue e
ne sono invischiato oltre ogni mia previsione. Non
posso neppure negare che mi dia un immenso piacere sentirmi parte della mia famiglia. Ma la situazione si è evoluta verso un punto di contrasto non
risolvibile. Non esiste alcuna opzione di mediazio-
ne: la pianta, meravigliosa, dell'amore che provo
verso mio nipote deve essere estirpata fino alla ra-
dice, e sostituita con una nuova pianta in cui fio-
risce un amore diverso e più sublime del precedente.
Anche se sicuramente più freddo e distante, come
l'arte deve essere nei confronti dei suoi modelli.

Ma la teoria è cosa ben diversa dalla pratica, non
più che asettiche regole vergate su qualche foglio
reale o immaginario.

La pratica è avere mio nipote che mi cammina
a fianco, stillando fiducia incondizionata da ogni
poro, al punto da sorvolare sulla perplessità che
deve necessariamente avergli generato la mia bizzarra ed apparentemente assurda richiesta.

Ed è anche la mia fatica a reggere il peso del tradimento, meschino strumento necessario affinché
la mia opera possa avere compimento.

Sono quanto mai saldo e determinato nei miei
intenti e non ho alcuna intenzione di lasciare incompiuto il mio progetto, eppure sento vacillare i
miei propositi sotto l'effetto di una forza inattesa.

Mi sembra, in un certo senso, di essere uno stregone
che ha avuto la malaugurata scelta di mescolare
sostanze non compatibili, confidando in una rea-

zione chimica che non può avere luogo, se non con esiti del tutto differenti da quelli attesi.

Sono anni che gioco con la morte, con i corpi.

Ma non lo ho mai fatto con qualcosa di così prossimo alla mia stessa vita.

Mentre stavamo ancora passeggiando per il parco, diretti al mio furgoncino dal momento che il ragazzo aveva finalmente individuato IL LUOGO, il cielo si è fatto improvvisamente scuro, come se le nubi fossero rimaste nascoste dietro i tetti delle case prospicienti la zona, attendendo il momento opportuno.

L'aria si è caricata di un odore fradicio e la temperatura è scesa di colpo al cadere dei primi chicchi di grandine. Grossi, pesanti e feroci urla del cielo.

Allora mi sono sfilato lo zaino che avevo portato con me e lo ho sollevato sopra la testa di mio nipote. Mi piacerebbe poter affermare che lo ho fatto affinché non venga scalfita la sua perfetta bellezza, così che non ne risulti guastata la mia opera.

Ma la verità è che lo ho fatto perché lo amo e non volevo potesse accadergli nulla di male.

– Vuoi fermarti per la notte? O meglio, per la mattina dato che ormai sta iniziando ad albeggiare…

– Lo farei volentieri…

– Se? – le domandò Bezzi.

– Poi non risultasse tutto più difficile.

– Non è necessario che avvenga.

– Ma è quasi inevitabile.

– Perché? Non siamo una funzione matematica legata al tempo.

– Invece sì, in un certo senso. Quanto meno per il mio.

– Perché non pensi altro che alla fine del nostro… – non terminò la frase perché non era ancora sicuro di quale sarebbe stato il sostantivo più appropriato.

– Penso alla fine perché non è possibile vi sia alcuna durata.

– Se pensi solo alla fine è inevitabile che sia così. Non che io ne neghi la presenza e non ne abbia la consapevolezza. Ma… – indugiò un attimo nel suo stesso pensiero – questo non vuol dire che non esista una prospettiva anche solo minima.

– È una prospettiva senza profondità quella che hai in mente tu. Un gioco illusorio di linee che rende sempre più difficile distogliere lo sguardo da quello che in realtà non esiste.

– Penso che un'illusione potremmo anche permettercela. Per il tempo che dura rischia di essere assai meglio della normale realtà.

La donna non ribatté subito, ma lo osservò a lungo con uno sguardo che sembrava farsi più profondo e circoscritto, come se stesse cercando un'ombra in mezzo all'acqua melmosa. Qualcosa della cui presenza era sicura ma che non riusciva ancora ad individuare.

Finalmente, dopo avergli deposto un bacio leggero con le sue labbra sottili, gli rispose, il volto piantato diritto davanti agli occhi.

– Sei convinto che ne avremo la forza quando, non certo fra molto tempo, dovremo sparire uno dalla vita dell'altro?

– Non abbiamo scelta, quindi: sì.

– D'accordo. Resto. Anche se di dormire mi sa che non se ne parla proprio. – aggiunse indicando la finestra sulla quale si stava arrampicando un lembo di aurora.

– Hai sonno?

– Per nulla.

– Bene, allora cosa ne pensi di abbandonare per un po' il letto?

– E per andare dove? Con te in commissariato? – lo schernì affondando il volto nell'incavo della sua spalla.

– In realtà avevo in mente un luogo con un panorama decisamente migliore…

– Una gita fuori porta come fidanzatini?

– Più o meno direi di sì. – le rispose immergendo le labbra nei suoi capelli. Erano profumati ed appena screziati dall'odore del suo sudore.

– Mi sembra una buona idea. Ti va se aspettiamo ancora un po' ad uscire?

– No, per nulla. Hai qualche faccenda da sbrigare?

– Sì, fare l'amore mentre sorge l'alba.

– Mi sembra un'ottima idea M…

Lo interruppe poggiandogli la mano sulla bocca. Poi si sollevò sulle spalle e lo inchiodò nel suo sguardo intenso.

– Mi chiamo Irene. Anche se di pace ne ho portata piuttosto poca nella vita mia e degli altri.

– È un bel nome. Corto ed efficace come il mio che di biondo non ho nulla.

– Devi sempre avere l'ultima parola? – gli domandò salendogli sui lombi.

– Non mi dispiace in effetti.

– Adesso muoviamoci però o rischiamo di sprecare l'alba.

Capitolo 26

– Sì, Robecchi, hai inteso bene: mi sono appena concesso, unilateralmente ed insindacabilmente, un giorno di ferie. Se ci dovessero essere urgenze, sapete come trovarmi… no, dove no, perché ho intenzione di starmene per i fatti miei.

Dall'altro capo della conversazione si udiva un fruscio sommesso: la manifestazione elettromagnetica della perplessità dell'agente, che comunque non sollevò alcuna obiezione esplicita alla decisione estemporanea del suo superiore.

Ci fosse stato Baroni a rispondergli, lo scambio si sarebbe sicuramente arricchito di una serie di espressioni colorite, a meglio sottolineare lo stupore per l'insolito ed inabituale comportamento del commissario.

Se poi il dialogo lo avesse gestito Tarcisi, ci sarebbe stato da aspettarsi un interrogatorio vero e proprio.

Fortunatamente il suo braccio destro si trovava ancora in vacanza. La situazione risultava quindi, nel complesso, sotto controllo.

– Bene, questo è quanto. – concluse Bezzi, accompagnando la lapidaria affermazione con un ciao frettoloso.

– Lo sai vero – gli domandò la donna non appena ebbe interrotto la linea – che tutto questo è rischioso?

– Perché? Hai intenzione di uccidermi proprio oggi?

– No. Almeno finché riesci a farmi ridere. Spero tu abbia un buon arsenale di battute.

– Fornitissimo. E poi, con la giusta ispirazione, ne fabbrico a ciclo continuo.

– Questo non toglie che la situazione in cui ti trovi presenti molti rischi. – rispose tornando nuovamente seria.

– Non so cosa farci, Irene. Sul serio: esiste forse un altro modo di gestirla? Tu sei una criminale, omicida per di più, e io un commissario di Polizia. Non potremmo essere più contrapposti di così. Ma questa "parentesi", se così vogliamo chiamarla, non appartiene in nessun modo alla nostra vita ordinaria, alla dimensione sociale dei nostri rispettivi ruoli. Appartiene solo a noi, ha solo noi come riferimento: un universo senza stelle, pianeti e satelliti all'infuori di noi due. Non dobbiamo renderne conto a nessuno, inclusi noi stessi.

– Uno splendore fatto di buio, quello che hai appena descritto.

– Proprio così. Per rimanere in tema, possiamo considerarlo un buco nero, all'interno del quale valgono soltanto le sue leggi e dal quale verremo prima o poi espulsi e ricacciati sulla terra. Ma per il momento…
– Ho afferrato il concetto, – concordò sfiorandogli un guancia con il rovescio della mano, le dita leggere e calde – non serve che ti inventi altre complicate similitudini cosmiche. Spero solo che uscire allo scoperto a fianco della sottoscritta non finisca per procurarti qualche guaio, serio.

– Ho scelto appositamente un luogo appartato per la nostra gita improvvisata.

– Meglio così: immagino che le mie foto segnaletiche siano state ampiamente diffuse e divulgate…

– Ho provveduto io personalmente a farlo. – ammise Bezzi cercando di attirarla a sé. La donna non si mosse di un millimetro.

– Sapremo affrontare la fine, quando questa arriverà? – gli domandò afferrandogli il viso fra le mani.

– In qualche modo dovremo pur farlo. Cerchiamo di non

spararci a vicenda però: sarebbe una rottura troppo drastica.

– Già, – confermò con lo sguardo rivolto nel vuoto – ma forse l'unica plausibile.

– Fra la plausibilità e la conservazione delle nostre reciproche esistenze, preferisco decisamente la seconda.

– Anche io, – ribatté tornando a posare gli occhi nei suoi – va bene, andiamo. A proposito, dove?

– Usciamo: te lo spiego per strada.

Sulla A4 il sole era già alto, disperso nella parte inferiore dell'orizzonte dentro un azzurro immobile e luminoso. La giornata estiva prometteva la consueta atemporalità della stagione, un fluire costante e piatto di luce che si sarebbe addormentato nel tramonto lungo ed indeciso, quasi che la terra avesse facoltà di interrompere la sua girandola astronomica a suo piacimento. Così sarebbe calato infine il buio: al bussare insistente della notte gravida di stelle.

Ma in quel momento era ancora mattino e, se le previsioni di Bezzi si fossero rivelate corrette, entro le undici avrebbero raggiunto la destinazione.

– Andiamo verso i laghi? – gli domandò la donna sbirciando curiosa nei suoi occhi, quasi vi fosse impressa una mappa stradale.

– Esatto – confermò Bezzi senza distogliere lo sguardo dalla strada, piuttosto congestionata di traffico come da abitudine.

– Quale dei due, visto che stiamo viaggiando verso est?

– Quello più vicino.

– Del lago di Iseo non ho quasi ricordi. Solo qualche immagine della lontana infanzia… anche la donna ora guardava la strada, ma senza un punto preciso di fuoco, assorta nel caleidoscopio dei riflessi sull'asfalto bruno.

– Sei nata da queste parti allora?

Indugiò alcuni istanti prima di ribattere, soppesando istintivamente le conseguenze e la convenienza di un'eventuale risposta.

– Sì lo sono, ma evita di annotare il dato ad uso futuro delle tue indagini.

– Te lo ho già detto prima: oggi ci troviamo in un'altra dimensione, parallela e distante da quella in cui viviamo. Un mondo in cui io sono Fulvio e tu Irene. Solo questo e nient'altro.

– Allora non hai intenzione di chiedermi per quale motivo mi sono dedicata alla mia "professione".

– No. La tua professione appartiene a Morte Rossa. Non ad Irene.

– Ma la tua appartiene anche a Fulvio e non solo al commissario Bezzi.

– Può darsi che sia così e che lo sia sempre. Ma non oggi. Oggi sono solo l'altra metà che ti sta a fianco. Tutto il resto, semplicemente, non c'è.

– Ti capita spesso?

– Cosa?

– Di sdoppiarti in irripetibili mondi paralleli.

– No. Mai. Non mi è mai capitato.

– Che sensazione si prova?

– Non sei in grado di risponderti da sola?

Gli ammiccò, mentre un sorriso distante increspava l'azzurro dei suoi occhi.

– Forse sì, – rispose cercando la sua mano posata sul cambio – ma non ne sono sicura. Tu sei, in effetti, ciò che fino ad ora non c'è mai stato. Ma non riesco a tracciare i tuoi contorni, se capisci cosa intendo dire.

– Lo comprendo ma, essendo una frana in disegno, non

traccio mai nulla. Preferisco disorientarmi nell'indefinito.

– Navighi sempre così a vista?

– Quando ho provato ad usare la bussola, ho finito per naufragare.

Le raccontò di Angela, cercando di essere il più breve possibile.

– Sapevo del tuo stato civile. Come puoi ben immaginare, per abitudine professionale, mi sono informata accuratamente su di te.

– Già, non ci avevo pensato. Di solito sono io quello che indaga. E, invece, di te non so nulla, se non il nome.

– Non ti basta?

– Mi è più che sufficiente. Anche perché qualsiasi altro dato dovesse aggiungersi non potrebbe che avere conseguenze nefaste.

– Nel senso che ci precipiterebbe nell'altra dimensione, quella dell'esistenza abituale?

– Infatti; e finiremmo per non essere più Irene e Fulvio.

– Parliamo del Lago di Iseo allora. Dove mi stai portando esattamente?

– Hai mai sentito parlare di Montisola?

– Sinceramente no.

– Meglio così. La sorpresa sarà, spero, ancora più piacevole.

Il resto del viaggio trascorse fra qualche breve scambio di parole disperso in lunghe pause di silenzio, come se ambedue stessero cercando di prendere le misure di un oggetto insolito e dalla forma irregolare e fossero troppo concentrati nel compito per potersi concedere qualche distrazione.

Il paesaggio aveva preso ad ondularsi man mano che, lasciata l'autostrada, procedevano verso nord.

Quando iniziarono a costeggiare il lago, Bezzi spense il

climatizzatore dell'auto.

– Ti dispiace se facciamo entrare un po' di aria dall'esterno? Dovrebbe essere fresca.

– Certamente. – rispose la donna premendo il tasto di controllo del finestrino, subito imitata dal commissario. L'abitacolo venne invaso da un brusio ventoso e persistente, mentre l'auto procedeva a velocità piuttosto sostenuta lungo il profilo lacustre. Sembrava che il lago respirasse fra i barbagli dell'acqua inquieta e pigra: un ritmo lento ed inscalfibile sotto il picchiettio della luce intensa.

Quando ebbero raggiunto l'imbarcadero, smontarono dalla macchina e si misero ad attendere il primo traghetto utile per raggiungere la piccola isola, il cui profilo erto ed un po' asimmetrico si stagliava nitido sullo sfondo di foschia lieve che aleggiava sull'acqua.

– Hai fame? Vuoi bere qualche cosa? – le domandò indicando un chiosco poco lontano – Abbiamo ancora una ventina di minuti prima della prossima corsa.

– No grazie. Preferisco non prendere nulla. Ti va se ce ne stiamo in silenzio, vicini, a contemplare il lago? Il panorama da qui è molto bello.

– Vedrai quando saremo in cima all'isola allora. – le rispose Bezzi prendendola per mano ed avviandosi verso l'estremità della riva.

Un odore penetrante ma non sgradevole permeava l'aria: un insieme di acqua e vegetazione uniti da sempre.

La brezza le scompigliava leggermente i capelli, permettendo a Bezzi di percepirne con ancora più nitidezza il profumo. Le si accostò fino a quando le loro guance non vennero a contatto.

Rimasero così, immobili e silenziosi, sullo sfondo luccicante dell'orizzonte.

– Ora dovremmo andare. – constatò dopo aver osservato l'orologio.

La donna non sembrava aver sentito e continuava a fissare un punto indefinibile da qualche parte nel lago, senza battere ciglio.

Bezzi dovette toccarle leggermente la spalla per ottenere la sua attenzione, che si manifestò in uno sguardo intenso e velato.

Pareva che la foschia estiva fosse stata assorbita dai suoi occhi.

Limitandosi ad un muto cenno di assenso, lo seguì verso l'imbarcadero, dove salirono sul traghetto, accompagnati dal rollio borbottante dell'imbarcazione.

Di lì a pochi minuti sbarcarono sul molo dell'isola.

Bezzi aveva detto la verità: in cima il panorama era davvero mozzafiato.

Terminarono di pranzare che erano da poco passate le due. Il pomeriggio si distendeva pigro sulle lunghe ore che lo separavano dalla sera. L'aria era piatta nell'ora della massima calura e i rumori provenienti dall'esterno del pergolato (avevano scelto un ristorante affacciato sul lago) erano ridotti quasi unicamente al respiro dell'acqua, disturbato a tratti dal ronzio di qualche natante.

– Potremmo tornare a casa tua, Fulvio. Ormai abbiamo girato l'isola in lungo ed in largo.

– Hai fretta?

– In un certo senso…

– Dal nostro primo incontro ai Giardini Pubblici, non avrei certo scommesso sulla tua focosità, – ribatté scostandole un capello che il vento le aveva impigliato sullo zigomo – il tuo parlare, l'agire, il tuo modo di essere insomma, avevano un qualcosa di… perfettamente meccanico, come se fossero il prodotto di un calcolatore innestato nell'animo.

– In effetti è proprio questo che avviene quando sto lavorando o, comunque, quando ho a che fare con gli altri nella mia veste professionale.

– E quanto di quello che sei in quei momenti permane anche nel resto della tua vita?

– Più di quanto vorrei. La mia vita è totalmente vincolata a quello che faccio per guadagnarmela. D'altro canto l'ho scelta io, in piena libertà.

– Converrai che si tratta di una scelta piuttosto singolare.

– Dipende dai punti di vista. Generalmente lo è, per la maggior parte delle persone.

– Da cosa dipende il fatto che non lo sia per alcuni, a tuo giudizio? – domandò piuttosto perplesso.

– Non ho da darti risposte di carattere generale. Posso solo dirti, per quanto mi riguarda, che ho iniziato per caso, o, sarebbe meglio dire, per fatalità e poi non sono più riuscita a smettere.

– Non stiamo parlando di una sostanza stupefacente che crea dipendenza…

– La crea invece. Anche se si tratta di una dipendenza per nulla piacevole. Solo di un cieco ed inestinguibile bisogno che in realtà non viene mai soddisfatto.

– Non riesco proprio a seguirti. – ammise.

– Meglio così.

– Ma vorrei capire qualcosa di più. Solo a livello personale. Come Fulvio e non come commissario.

– A cosa potrebbe mai servirti? Lo sai che non c'è futuro fra noi due. Vale la pena allora di sbirciare il passato?

– Tu lo hai fatto con me, Irene.

La donna gli sorrise, poi lo attirò a sé imprimendogli un

bacio lieve sulle labbra. Sapevano di caffè: un aroma remoto e speziato, procurato dalla miscela forte che era stata utilizzata per prepararlo.

– D'accordo: ti devo qualche particolare in più. Poi saremo pari, vero?

– Promesso.

– Non c'è molto da dire in verità. La prima volta che ho ucciso qualcuno su commissione, l'ho fatto per salvare una persona che mi era molto cara. Avevo solo diciassette anni e conducevo una vita normalissima, anzi assolutamente banale. Poi, per motivi che non posso e che non starò qui a raccontarti, qualcuno ha rapito quella persona. Per salvarla, così mi venne detto, avrei dovuto uccidere una ragazza, che aveva la mia stessa età e che era una mia conoscente. Non avevo scelta e feci quanto mi era stato ordinato: le offrii da bere una Coca Cola nella quale era stato versato del veleno. Morì davanti ai miei occhi, contorcendosi per il dolore ma senza emettere un suono, nel mezzo della piccola macchia di alberi dove la avevo condotta.

Come potrai immaginare, nonostante avessi portato a termine il mio incarico, quella persona non venne risparmiata, ma uccisa a sangue freddo con un colpo di pistola alla tempia. E io, molto probabilmente, avrei dovuto essere la vittima successiva, se non avessi provveduto a sopravvivere facendo fuori il mio carnefice.

Anche io ho agito a sangue freddo: appena si voltò verso di me per fare nuovamente fuoco, gli piantai in un occhio il mio spillone ferma capelli. Lo feci con una sorta di calma furiosa e serena allo stesso tempo. Poi allontanai con un calcio la pistola che gli era caduta di mano e lo colpii forte al basso ventre, approfittando dello stupore e del dolore che lo aveva colto alla sprovvista.

Per finirlo utilizzai un posacenere che si trovava lì a portata di mano. Ad ogni colpo, man mano che la sua vita si spegneva, io mi sentivo sempre più serena e distante. Vuota e senza disperazione.

Da allora non sono più riuscita a smettere perché ho bisogno di provare nuovamente quella sensazione: un attimo di assenza nel continuo soffiare del dolore. Uccido per mestiere perché non saprei scegliere nessuna vittima se dipendesse da me. Ecco perché sono un sicario e non sono diventata come il serial killer a cui stai dando la caccia. Questo è quanto Fulvio.

Lo baciò nuovamente, ma questa volta sulla fronte, come a volerlo rassicurare.

– E tu? Perché sei diventato commissario? È un mestiere che, notoriamente, ha poco a che fare con buona musica e cucina gustosa.

– Ci ho fatto l'abitudine fino al punto di trovarlo interessante e, a volte, appassionante. Dispongo di paradigmi del destino ben diversi dai tuoi, Irene. A volte mi sembra di essere un rubinetto lasciato aperto e niente di più. Un oggetto seriale che non smette di funzionare.

Si concesse una breve pausa, cercando qualcosa fra il luccichio delle piccole onde circolari.

– Tu e il serial killer, invece, avete avuto in sorte, o in sventura, qualcosa di infinitamente più grande di quanto sia stato concesso a me. Non vi invidio, intendiamoci, ma mi sarebbe piaciuto provare qualcosa di diverso dalla mediocrità. Mi chiedo quale sia peggio fra la condanna sociale e quella della propria piccolezza.

– Ti consideri un mediocre? – il tono della voce risuonava sinceramente perplesso.

– Sì, nella misura in cui vivo un'esistenza che spesso non

coincide con la mia vita. Tu, invece…

– Io invece espio costantemente la condanna che mi sono auto inflitta. Non credo sia una situazione tanto più fortunata della tua. Tutt'altro anzi: preferirei essere mediocre, come dici tu, piuttosto che incapace di fare altro da quello che faccio.

– Credi così poco nella tua volontà?

– Perché, tu ci credi alla tua?

– No in effetti: ho smesso superati i quaranta anni.

– Un'età simbolica?

– Forse. Fatto sta che ha segnato l'inizio della mia propensione a rassegnarmi.

– E ora? ti senti rassegnato anche in questo momento?

– Sì, ma in modo più… oggettivo.

Un sorriso amaro piegò le labbra di entrambi.

– È inutile dispiacersene adesso, – gli rispose la donna – sapevamo fin dall'inizio che non avrebbe potuto essere diversamente.

– Non è il dispiacere che mi assilla, ma un senso di impotenza beffarda e gratuita. Che tutto questo stia avvenendo nel campo da gioco dell'impossibile, che sia un evento costretto nelle angustie di un sogno, che non ci sia una via di uscita: questo non riesco a tollerare.

– Non esagerare con considerazioni troppo metafisiche. Magari, più semplicemente, tra noi funziona proprio perché non ci sono prospettive. Nulla a cui dobbiamo dedicare i nostri sforzi di immaginazione per comprendere se la cosa sia o no sostenibile nel futuro e, nel caso, come e per quanto.

– Ci ho pensato anche io. Forse è proprio così. D'altro canto la libertà ha sempre un prezzo, o, meglio, un contrappeso. È che…semplicemente mi riesce difficile lasciarti andare.

– Affronteremo l'argomento quando sarà il momento, – gli rispose la donna con un fare pratico, come se stesse valutando quando fosse più opportuno sbrigare una determinata faccenda domestica – E poi la sai una cosa? Il tuo letto comincia proprio a starmi simpatico.

– Pago il conto e andiamo.

Capitolo 27

– Commissario, – gracchiò fremente la voce di Robecchi dall'altro capo della linea – forse abbiamo qualcosa.

– Bene. – ribatté Bezzi con poca convinzione. Era consapevole, oltre che presentirlo già da qualche tempo, che la risoluzione del caso avrebbe posto termine al suo legame con Irene. Nessuno dei due aveva mai detto esplicitamente niente in proposito, ma la auspicabile cattura del serial killer racchiudeva la loro relazione come la cornice di un quadro. Una volta rimossa quella, l'altra si sarebbe arrotolata su se stessa come una tela. Non vi era alcuna collocazione temporale di cui potessero beneficiare, scivolati come erano nella dimensione dell'impossibile: uno spazio senza alcuna consistenza oltre quella del mero accostarsi degli attimi come grani di una collana senza filo, l'illusione della cui consistenza sarebbe evaporata al primo scrollarsi dell'immobilità.

– Molto bene, – provò ad esclamare fingendo maggior interesse – è emerso qualche incrocio significativo?

– Pare proprio di sì, – rispose entusiasta l'agente – arriverà tra molto in ufficio?

– Il tempo di radermi e sono lì. Mi occorrerà al massimo un quarto d'ora.

Si era svegliato piuttosto tardi quella mattina, contrariamente alle sue abitudini. Non avrebbe saputo identificare un motivo preciso per quell'insolita anomalia. Versava in perfette condizioni di salute, non si sentiva più stanco del solito, era andato a letto al consueto orario la sera precedente. Semplicemente il sonno lo aveva tenuto fra le sue maglie più a lungo, riempiendogli la mente con un sogno inquieto ed angosciante di cui non ricordava il contenuto, ma solo il retrogusto emotivo: un senso di vuoto angoscioso e senza rimedio, come se qualcosa di estremamente prezioso e caro gli fosse per sbaglio caduto in un pozzo profondo e buio, restituendo solo un tintinnio di addio dal fondo remoto e avvolto nel nero. La consapevolezza che tutto sarebbe comunque accaduto e l'impotenza di non poterlo impedire avevano piegato il suo dolore e la sua angoscia fino ad un punto di non ritorno, dal quale tuttavia non era riuscito a fuggire ridestandosi.

Aveva invece continuato a sognare, proiettando sul palcoscenico onirico l'immagine di un paesaggio marino imbevuto di luce, ma un po' troppo sfuggente rispetto alla normale linea dell'orizzonte, come se un bizzarro architetto lo avesse spinto un po' troppo in là a discapito delle regole della prospettiva. Questa peculiare caratteristica sembrava riflettersi anche sulla spiaggia sabbiosa dove Bezzi si trovava sdraiato ad osservare gli altri bagnanti: le distanze apparivano "forzate" ed allungate, restituendo un senso di solitudine ed intangibilità nella dimensione dello spazio. Tutto era e non era lì allo stesso tempo, come un carosello incerto tra realtà ed illusione attorno al commissario. La luce portava dentro di sé il buio, le persone la loro assenza, il luogo l'impossibilità di esserci realmente.

Eppure quello stato indefinito ed indeterminabile possedeva qualcosa di rassicurante, una solidità esile ma comunque persistente se non la si fosse stracciata ridestandosi. Un equilibrio stabile, ancorato al porto del sogno.

Forse era proprio quello il motivo per il quale Bezzi, o quantomeno qualche angolo del suo inconscio, aveva preferito ignorare il suono familiare e scostante della sveglia, che aveva spento con un movimento preciso del braccio, senza neppure aver bisogno di aprire gli occhi.

Quando finalmente questi si furono dischiusi, la vista si era aperta sulla stanza da letto già invasa dalla luce prepotente della mattina estiva.

Nel letto il commissario era solo, dal momento che la giovane donna non si faceva vedere né sentire da due giorni. Il motivo che gli era stato addotto come spiegazione consisteva in alcune faccende da disbrigare, sulle quali non aveva voluto fornire alcun dettaglio.

– Non ti preoccupare Fulvio, – lo aveva rassicurato (anche in quel momento era mattina: la mattina successiva alla loro gita fuori porta) – non ho nessun "incarico" da portare a termine. E credo non ne avrò per un bel po', forse…

Non terminò la frase.

Bezzi si limitò ad un cenno di assenso: non dubitava che la donna avesse affermato il vero quanto al non dover eliminare fisicamente nessuno, ma era al contempo convinto che non avesse alcuna faccenda da sbrigare.

Stava semplicemente creando un'interruzione nella loro continuità, un taglio voluto al tessuto della loro relazione. Riponendo una inevitabile fiducia nella risoluzione della donna e nella sua effettiva utilità, aveva preparato la colazione (crêpes al prosciutto) e la aveva lasciata andare senza manifestare la minima protesta.

– Bene, commissario, – scoppiettò soddisfatto Robecchi – la stiamo aspettando.

Il tono della voce era davvero acceso: evidentemente doveva esserci la possibilità di compiere un significativo passo avanti nel corso delle indagini.

Peggio di così non poteva andare.

6 luglio 2015

E se qualcuno riuscisse a fermarmi? Se si ponesse fine anzitempo alla mia opera? Se il mio grande e faticoso progetto rimanesse incompiuto? A volte ci penso, anzi mi trovo a rifletterci sempre più spesso, man mano che gli anni passano e mi avvicino alla conclusione di tutto, dello sforzo di una vita. Un compito tremendo e sublime, perseguito con meticolosa determinazione, con una forza di volontà che non esito a definire titanica ed eroica: proteso verso il fine come una cometa attraverso il cielo. Una saetta di luce, una sfera luminosa e possente lanciata verso il buio nulla dell'universo. Effimera, ma eternamente impressa nella memoria stupita di chi ha la fortuna di poterla osservare.

Così sarò ricordato quando le mie spoglie mortali evaporeranno da questa terra: come colui che ha realizzato, restaurandola, la più sublime bellezza. Una luce brillata per troppo poco tempo nella notte piatta delle esistenze comuni.

Nulla mi terrorizza più del pensiero che ciò possa non avere compimento, che qualcosa possa intervenire a spezzare l'arco perfetto della mia parabola.

Eppure, proprio adesso che sono vicino alla conclusione, ora che solo un breve volgere di anni mi separa da ciò che sarà compiuto, una parte di me vorrebbe che quel terribile timore divenisse realtà. Che il sogno della mia vita potesse scomparire come rugiada al mattino.

Ho dedicato la mia esistenza a questo grandioso progetto, ma ora esito all'idea di dover sacrificare quella di mio nipote. Ma so che non posso fermarmi:

è la mia stessa volontà a non concedermi alcuna clemenza, a negare qualsiasi atto di pietà anche verso ciò che mi è più caro.

Quando il tempo giungerà, senza alcuna esitazione dovrò dare forma all'ultima statua, quella che aggiungerà l'ultimo tocco di luce alla perfezione.

Purtroppo non può dipendere da me nulla di diverso da quanto già stabilito.

Ecco perché, nei momenti di debolezza come questo, invoco l'intervento di una mano esterna, come un dio greco che scenda dalle nubi a porre fine alla tragedia, concedendo un lieto fine più banale ma meno angoscioso.

Oggi, più che mai, vorrei non pagare e non far pagare il prezzo della perfezione. Vorrei privare l'arte del dolore acuto: la vetta della sofferenza da cui espande al mondo il suo splendore.

Qualcuno riuscirà a fermarmi? Riuscirà a dare fondo al mio terrore mentre placa la mia angoscia? A regalarmi l'amaro dono del fallimento? A distruggere tutto salvando mio nipote?

"Sono destinato ad amare ciò che distruggo e distruggere ciò che amo" recita una canzone di qualche anno fa. Il testo non dice se qualcuno lo abbia fermato.

Peccato: mi sarebbe piaciuto sapere se anche lui era stanco del suo destino.

Io, a tratti, lo sono. Eppure neanche mio nipote vedrà la mia ombra o udirà il suono dei miei passi quando lascerà questo mondo, se una pallottola *di argento non mi fermerà prima, lacerandomi il cuore.*

A quanto pareva Robecchi aveva assolutamente ragione riguardo all'effettiva consistenza di quanto scoperto. Tanto che Bezzi non si era pentito di aver interrotto gli impegni accademici di Feraboldi, chiedendogli di raggiungerlo al più presto in commissariato. Richiesta che il brillante accademico aveva accolto con particolare solerzia, dal momento che era giunto a destinazione prima ancora di Bezzi, che di fretta ne aveva avuta molta meno.

– Un nome ed un cognome, commissario! – lo accolse con una festosità quasi canina l'agente, una volta che Bezzi ebbe varcato la soglia del suo ufficio. Incrociò rapidamente lo sguardo con quello dell'amico, rilevandone la consapevolezza a cui avrebbe anche lui avuto accesso entro brevissimo.

– Di più non avrei potuto chiedere, Robecchi. – sospirò, controbilanciando l'umore con un sorriso a tutto sesto.

– Già commissario, – irruppe Baroni, richiamato dalla voce del suo superiore. La festa pareva proprio essere al completo – adesso lo becchiamo quel grandissimo fulminato!

– D'accordo ragazzi, – si rassegnò di fronte a quell'incontenibile, perfettamente comprensibile ed assolutamente incondivisibile entusiasmo – beneficiate anche il sottoscritto di questo benedetto nominativo, così che possa aggregarmi alla vostra immensa gioia.

– Severino Aleardi! – proruppe Robecchi a cui spettava l'onore della scoperta, nonché l'onere della faticosa ricerca che ne stava alla base.

– Ricevuto. Ora prosegui e raccontami cosa sappiamo su questo nuovo personaggio.

– Classe 1949, commissario. Nessuna informazione sulla famiglia di provenienza, se non il nome del padre, della madre e dell'unica sorella, tutt'ora in vita, sposata e madre. Un contesto del tutto normale, dunque. Così come parrebbe essere normale l'esistenza del nostro sospettato, se così possiamo permetterci di chiamarlo sulla base delle esigue evidenze e delle numerose elucubrazioni sottostanti.

– Robecchi, le considerazioni metodologiche mi interessano poco, ancor meno le premesse epistemologiche. Procedi con altri dati, prego.

– Aleardi – proseguì l'agente incassando l'osservazione senza fare neppure una piega – ha frequentato, fra il 1969 ed il 1973, la facoltà di Lettere Classiche dell'Università degli studi di Milano, con ottimi voti ed una media assolutamente invidiabile.

– Ma – intervenne Feraboldi che, in attesa dell'arrivo del commissario, aveva contattato l'università ed aveva raccolto alcune informazioni aggiuntive – nonostante il livello di eccellenza, non ha concluso il suo corso di studi. Terminati gli esami è infatti scomparso dall'ateneo, tant'è che la sua iscrizione è decaduta già a partire dall'anno successivo. Inoltre, il professore con il quale avrebbe dovuto laurearsi è passato, proprio nello stesso periodo, a miglior vita…

– In che senso? – domandò Bezzi.

– Pare si sia trattato di un infarto. – rispose Robecchi riprendendo la parola – Fatto sta che lo hanno ritrovato morto stecchito nel giardino della sua villetta, comodamente adagiato su una sdraio di tela, il 21 giugno del 1973. Nessun segno di violenza: semplicemente il cuore aveva cessato di funzionare. Abitava in una zona periferica e molto poco frequentata: nessuno ha visto uscire o entrare qualcuno dalla villa quel giorno. Così si è spento quello che passa per essere stato un luminare di Storia dell'arte Greca e Romana.

– Ne confermo la fama, Fulvio. A livello accademico era assolutamente un'autorità riconosciuta in tutto il mondo.

– Molto interessante. Mi sembra di capire che il nostro brillante studente incompiuto sia invece ricomparso sulla scena accademica.

– Proprio così commissario, – confermò Robecchi, accingendosi a riprendere il racconto – ma ciò è avvenuto molti anni dopo. Siamo infatti nel 1989 quando l'attempata matricola Aleardi Severino si iscrive alla facoltà di medicina, dopo aver brillantemente superato i test di ingresso. Anche questa volta non terminerà il ciclo di studi che abbandonerà a metà del quinto anno.

– Lasciandosi qualche altro docente morto alle spalle?

– No. In questo caso niente defunti di nessun genere. È invece il nostro soggetto ad avere qualcosa di profondamente diverso rispetto a venti anni prima…

– Vediamo se indovino: una passione insospettabile per la chirurgia vascolare?

– No. Un arto in meno. Il braccio sinistro per l'esattezza.

– Centro. – sospirò nuovamente Bezzi.

– Pare proprio di sì.

– Sei certo di quanto affermi? Cioè che ai tempi della prima facoltà aveva ambedue le braccia, mentre poi ne ha perso uno?

– Assolutamente sì: abbiamo verificato contattando la sorella. Ha perso il braccio in un incidente poco dopo aver abbandonato la facoltà di lettere.

– Non vi ha saputo dire nient'altro in proposito la preziosa consanguinea?

– In verità no. Di quel periodo, essendo di ben diciotto anni più giovane del fratello, non ha ricordi precisi. Lui dal canto suo, così ci ha riferito, non ha mai affrontato volentieri l'argomento del quale, di fatto, non hanno mai parlato.

– Bene: ce ne è più che a sufficienza per andare a fare una visita al nostro Severino Aleardi. Sappiamo dove abita?

Capitolo 28

Nessuno sembrava essere in casa in quel momento. Avevano più volte citofonato, ma senza ottenere alcuna risposta al ronzio prodotto dall'interruttore, se non un silenzio pressoché assoluto.

La villetta sorgeva in una zona periferica nella parte nord della città, collocata in un'area adibita ad ospitare soprattutto uffici e alcuni complessi industriali. Le unità abitative, piuttosto rade, erano concentrate nell'ultimo tratto della via. Un luogo particolarmente propizio per operare lontano da sguardi curiosi ed indiscreti.

Baroni premette un'ultima volta il pulsante, più per inerzia che nella speranza di ottenere qualche risposta.

– Non si sa mai, commissario, che il nostro uomo non si stia schiacciando un bel pisolino dopo aver imbalsamato qualche animale per tenersi in esercizio. – affermò in risposta allo sguardo perplesso di Bezzi.

– Mi sembra sia inutile continuare a sprecare la corrente del nostro sospettato accanendosi sul suo citofono, non trovi, Baroni?

– D'accordo commissario, – rispose questi ficcandosi le mani in tasca – che facciamo allora? Lo aspettiamo qui?

– No: proporrei di accomodarci quanto meno nel suo giardino.

– Ma, – intervenne Robecchi – non abbiamo alcun mandato.

– Sì, ma fa un cazzo di caldo qui per strada! – ribatté Baroni, manifestando tutto il suo appoggio al proposito espresso dal superiore.

– Non posso che concordare con Baroni. Anche se non è esattamente questo il motivo che mi spinge a commettere questa deprecabile effrazione.

– Vogliamo dunque approfittare dell'assenza del signor Aleardi per dare un'occhiata alla sua splendida villetta? – ipotizzò poco convinto Robecchi.

– Precisamente.

– Speriamo di trovarci qualcosa allora, o non sarà facile giustificare il fatto che ci siamo intrufolati senza permesso in una proprietà privata.

– Mal che vada gli diremo che abbiamo trovato il cancello aperto. – concluse Baroni accingendosi a scavalcare il basso muro di cinta che circondava l'abitazione.

Bezzi e Robecchi seguirono a ruota. Feraboldi invece, data la potenziale pericolosità del soggetto, era stato lasciato ad attendere nel bar che si trovava a pochi metri di distanza, dal lato opposto della strada.

La visione era così meravigliosa che stentava a credere ai suoi occhi.

Sentendosi come un devoto la cui fervente preghiera viene infine esaudita, bussando alla porta del miracolo, osservava rapito i tre uomini, due dei quali in uniforme, che, sbucando dalla sommità del muretto, erano atterrati con grazia sul prato del suo giardino, perfettamente curato e senza un filo d'erba fuori posto.

Avendo le tapparelle abbassate (si era concesso il vizio di un breve riposo a conclusione del modesto pasto che aveva consumato. Un'abitudine insediatasi all'interno della quotidianità negli ultimi anni, man mano che il suo corpo, invecchiando, ne aveva sempre più manifestato la necessità), poteva contemplarne i movimenti con la massima tranquillità e nell'assoluta sicurezza di non esser visto.

Quando aveva udito il primo squillo del citofono, guardandosi bene dal rispondere, aveva incollato lo sguardo alla sottile fessura dell'avvolgibile, identificando immediatamente i suoi visitatori.

Avrebbe potuto aprire senza esitazione il cancello di ingresso ed invitarli amichevolmente ad entrare. Così era stato sul punto di fare in effetti, cedendo senza resistenza alcuna alla tentazione.

Ma, proprio quando stava per premere il pulsante di apertura, si era arrestato: se era la salvezza quella che stava per arrivare, il deus ex machina che aveva invocato e temuto, che questo si dimostrasse all'altezza delle sue aspettative!

Un dio non si ferma davanti ad un cancello chiuso, né a nessun altro ostacolo.

Procede dritto per la sua strada, plasmando il destino di chi vi si imbatte.

Non restava dunque che attendere cosa sarebbe accaduto, una volta cessati i tentativi insistenti di ottenere una risposta ed una conferma della presenza di qualcuno in casa.

Quando si fu finalmente fatto silenzio, trascorsero alcuni istanti durante i quali, dal piano superiore dove si trovava la camera da letto, poteva osservare le tre teste immobili sotto il sole violento del primo pomeriggio. Evidentemente stavano meditando sul da farsi.

La tensione dell'attesa evaporò in un istante, nel momento in cui uno dei due agenti aveva preso a scavalcare il muro di ingresso, subito imitato dagli altri due componenti del piccolo gruppo.

Ora, approfittando della finestra lasciata aperta per via del caldo, poteva udirne distintamente le parole, mentre si aggiravano circospetti lungo il giardino.

– Commissario, – disse quello che aveva scavalcato per primo, rivolgendosi evidentemente all'uomo in borghese – questo ha un giardino tutto spigoli! Roba da pazzi.

– In un certo senso, Baroni. – rispose questi con un tono un po' ironico ed un po' serio – Sarei pronto a scommettere che ha la forma di un pentagono perfettamente regolare.

In quel momento l'uomo comprese che le sue speranze non erano vane: la salvezza era arrivata.

Non aveva saputo reprimere un moto amaro di delusione quando il suo amico, dietro l'agile schermo di uno sguardo dispiaciuto, gli aveva sentenziato che non sarebbe stato possibile condurlo con loro in quella che poteva essere l'abitazione del serial killer a cui stavano dando la caccia da quasi un mese. Indispettito e frustrato, aveva incontrato non poca difficoltà a non perdere le staffe ed indirizzare il commissario verso luoghi metaforici non consoni alla decenza, mentre questi, fingendo un'improvvisa urgenza poco plausibile (difficilmente il sospetto, sempre che non avessero preso una cantonata colossale, sarebbe stato in procinto di darsi ad una fuga precipitosa di lì ai successivi minuti), gli aveva voltato le spalle e si era involato, con i suoi due collaboratori in uniforme, verso l'uscita del bar, evitandosi così il disagio di qualche penoso istante di imbarazzo.

A rigor di logica, ben ponderando la situazione, non gli si poteva certo dare torto. La presenza di un civile, per altro poco avvezzo all'azione, costituiva senza dubbio alcuno un'eccezione non contemplabile delle procedure e dei regolamenti ai quali Fulvio doveva imprescindibilmente attenersi. Un rifiuto era quindi già stato ampiamente messo in conto dal pacato professore di Sociologia. Tuttavia, qualcosa di più profondo, sotterraneo ed insinuante, era intervenuto nel procurargli quell'ondata improvvisa di frustrazione, irritante e dolorosa come un manrovescio propinato senza alcun preavviso, quasi solo per il gusto di farlo.

Mentre prendeva posto ad un tavolino un po' scalcagnato e non perfettamente immacolato (alla cassa, in quel momento, si trovava un ragazzo cinese, grossomodo di una ventina d'anni) e dava un'occhiata al listino delle consumazioni, constatandone di sfuggita i prezzi bassi, quasi anacronistici, si sforzò di mettere a fuoco il punto in cui sembravano annodarsi le sue pulsioni emotive recenti.

Aveva appena terminato di ordinare una spremuta di pompelmo rosa ed un toast farcito per placare la fame nervosa, quando, di fatto pochi minuti dopo l'uscita di Bezzi e dei suoi collaboratori, il tintinnio prodotto dalla piccola campanella appesa alla porta di ingresso annunciò l'arrivo di un nuovo ospite. Praticamente l'unico, oltre a lui, a riempire con la sua presenza il locale sonnolento e polveroso in quell'ora calda e piatta.

La donna che aveva varcato la soglia risultò essere di una bellezza assoluta e priva di difetti, caratteristica che ebbe modo di confermare, senza alcun dubbio, una volta che questa ebbe preso posto al tavolino di fianco al suo, affacciato sulla strada e ben posizionato rispetto alla villetta davanti al cui cancello la piccola squadra di forze dell'ordine stava in quel momento stazionando, alle prese con il pulsante del citofono.

Per quanto la giovane bellezza non avesse proferito parola alcuna, limitandosi ad accomodarsi sulla sedia di legno e paglia un po' traballante, fu proprio grazie alla sua presenza, o, più precisamente, alla sua comparsa, che Feraboldi dovette la soluzione dei suoi dilemmi.

Non accettava più la sua esistenza, quantomeno nella configurazione che questa aveva assunto di recente.

Tutto qui. Considerando le cose con attenzione, l'aver ritrovato, due anni prima, il suo vecchio amico e collega di università, divenuto adulto e commissario, aveva scoperchiato la pentola in cui la sua vita borbottava senza convinzione, ravvivando la fiamma che la alimentava ad un livello tale da innescare un incontrollabile bollore, fino a quando l'acqua non aveva preso a tracimare dai bordi.

Era stato un risveglio la conseguenza, immediata e profondissima, dell'incontro con Fulvio, un recuperare dalla soffitta carte geografiche del possibile dimenticate per quieto vivere ed immolate ad una vita priva di sobbalzi. Il meccanismo che si era messo in moto non aveva tardato a produrre effetti anche sulle sue necessità sentimentali, sfociando, pochi mesi addietro, in quell'impossibile liaison con la giovane, ed altrettanto bella quanto la donna che gli sedeva poco distante a fianco, Emmanuelle.

Purtroppo, in entrambi i casi, il lavoro come la vita affettiva, aveva optato per scelte impraticabili: non avrebbe potuto mai essere altro che un ordinario di sociologia, non avrebbe mai potuto tornare indietro nel tempo e rendere quantomeno plausibile una relazione con la meravigliosa studentessa.

Se, dunque, avesse deviato dalla rotta tracciata nella sua esistenza, si sarebbe smarrito in una deriva destinata al naufragio.

Alla bellezza cristallina della vicina di tavolo doveva quella deprimente rivelazione, concessagli, come un frutto avvelenato, dalla sua coscienza. La perfezione mobile ed inquieta dei suoi lineamenti avevano infatti suscitato in lui un vigore evocativo lucido e spietato, culminato nella visione chiara e senza sfumature della sua vita, di come si era venuta configurando nel corso degli anni, fino a cristallizzarsi in un presente che durava ormai da un tempo indefinito.

E, per contrasto, di ciò che si stagliava sullo sfondo di quanto era stato e non sarebbe più tornato.

Quella donna, così come Emmanuelle, sembrava esistere per rammentargli il suo destino incolore.

Tuttavia doveva essere più attempata della promettente studentessa: probabilmente a cavallo, o poco oltre, la soglia dei trent'anni, come rivelava la maggiore maturità, incarnata nei suoi lineamenti ancora estremamente freschi e luminosi, eppure segnati, sotto la pelle, dalle linee indelebili del proprio destino.

Cercando di non attirarne l'attenzione, ne osservò lo sguardo, acuto e distante come un punto di luce nella distesa marina.

Rimase a contemplarlo alcuni istanti finché gli occhi della donna non si volsero verso di lui. Evidentemente le sue doti spionistiche dovevano essere quantomeno discutibili.

– Una giornata afosa, non trova? – gli domandò conficcando le pupille nelle sue. Un sorriso lieve e sfuggente ne incurvava le labbra delicate.

– Senza dubbio. – rispose prontamente Feraboldi, cercando di imitare il tono naturale e scorrevole della donna, quasi avessero ripreso un conversazione abituale fra due conoscenti di lunga data.

– Le piace questo posto?

– Non particolarmente. Un bar come tanti altri.

– Come mai ha scelto di sostare proprio qui allora? – uno scintillio indecifrabile, un guizzo sospeso tra l'ironia e la crudeltà, illuminò per un istante la terza domanda consecutiva.

– Mi viene comodo. – le rispose senza aggiungere altro, nella speranza che la sommaria spiegazione potesse essere ritenuta soddisfacente. Senza saperne individuare il motivo presentiva infatti che, difficilmente, sarebbe riuscito a sottrarsi dal fornire ulteriori e poco divulgabili particolari qualora ne fosse stato richiesto.

Tuttavia la donna sembrò accontentarsi, poiché si limitò a ribattere,

– Comprendo, anche io avrei fatto lo stesso. – senza aggiungere una sola parola ad illustrazione e miglior intendimento di quella frase un po' misteriosa e non del tutto intelligibile.

Lo sguardo rimaneva fisso ed indecifrabile come il moto di un pesce sotto la superficie dell'acqua.

Non aggiunse comunque altro e, ritornata al silenzio assorto con il quale era entrata nel locale, estrasse dalla borsetta un libro in edizione tascabile, che prese a leggere dalla pagina marcata da un segnalibro di semplice cartoncino bianco.

Feraboldi aguzzò lo sguardo: una raccolta di poesie di Ungaretti.

Senza riuscire a reprimere un senso di vago smarrimento, come se per qualche istante fosse scivolato in una dimensione contigua e parallela, riprese il filo dei pensieri, carichi di deprimente verità, che la sua mente aveva appena sfornato.

L'immagine della donna assorta nella lettura si rivelò particolarmente utile allo scopo.

Trascorsero così una trentina di minuti, durante i quali il sole continuò ad accanirsi contro la vetrata del locale, annullandola in un riflesso sempre più intenso ed accecante.

Gli occhi irritati dall'eccesso di luce, il professore li socchiuse pian piano, fino a precludere del tutto la vista, immergendosi in un buio rossastro e magmatico.

Quando si sentì sfiorare leggermente la spalla, li riaprì di scatto, rimanendo inizialmente abbagliato, fino a quando i contorni della villa del sospetto non presero di nuovo forma nello spazio del suo sguardo. All'esterno vi si trovavano di nuovo Bezzi, Robecchi e Baroni. Ma non erano soli: in mezzo a loro c'era anche un uomo, una persona anziana e, senza alcun dubbio, priva del braccio sinistro.

Della giovane donna seduta di fianco a lui non vi era invece alcuna traccia.

Uscendo, evidentemente, era riuscita a non far suonare la campanella.

Capitolo 29

I passi producevano un rumore appena percepibile sul manto soffice del prato, come se una grossa mano accarezzasse l'erba senza scompigliarne i crini. Il frusciare attutito colpì l'udito del commissario e dei due agenti quando ormai l'uomo non si trovava che ad una manciata di passi di distanza. Si erano fermati nel retro della villetta, sul lato opposto rispetto al cancelletto di ingresso, alla ricerca di qualche punto di accesso differente dalla porta principale che, naturalmente, avevano trovato ben serrata. Il muretto perimetrale tracciava una retta regolare e perfettamente parallela al prospetto dell'edificio, come ci si sarebbe atteso dalla base di un pentagono, figura geometrica perfettamente rispecchiata dal profilo della bassa recinzione di mattoni a vista.

Al di là di quella modesta linea di confine si estendeva un tratto piuttosto ampio, occupato da un prato incolto e rado ma dall'aspetto nel complesso non eccessivamente trasandato. Una delle poche aree urbane ancora risparmiate dalla sistematica edificazione che sembrava imperversare come una malattia della pelle sulla superficie della città.

Il sole batteva implacabile sulle macchie di terra chiara, frastagliate da lembi irregolari di erba sfilacciata. Uno spettacolo malinconico di calvizie incipiente, fra il velo smorto di polvere terrosa smossa da una brezza cadente e torrida. Nel baluginare stantio del pomeriggio, il frinire delle cicale risuonava remoto lungo il ciglio dell'illusione.

Bezzi, distolto lo sguardo per un istante dall'abitazione del sospettato, era rimasto colpito, senza comprenderne esattamente il motivo, da quell'immagine di quieto abbandono, da quel ritaglio serenamente derelitto, incastonato tra il cemento e l'asfalto come uno spazio vuoto in una pagina riempita ossessivamente di scritte.

Come Robecchi e Baroni, non si accorse del sopraggiungere dell'uomo se non quando l'ombra di questi non venne ad occupare il margine del suo campo visivo.

Si volse allora di scatto estraendo istintivamente la rivoltella dalla fondina e sollevandola per prendere la mira, mentre con la mano rimasta libera provvedeva a caricare il colpo in canna e a togliere la sicura.

I due agenti, che si trovavano ad alcuni metri di distanza da Bezzi, intenti a verificare se qualcuna delle finestre affacciate sul retro fosse stata dimenticata aperta, richiamati dal rumore inconfondibile prodotto dal carrello dell'arma, gli si precipitarono alle spalle, pronti a sopraffarlo.

L'anziano uomo, mantenendo una compostezza ed una calma assoluta, si limitò a sollevare l'unico braccio di cui disponeva in segno di resa incondizionata.

– Commissario, – domandò con un'ingenuità quasi commovente Baroni – come cazzo lo ammanettiamo questo adesso?

– Non sarà necessario farlo, ve lo assicuro. – rispose continuando a mantenere il braccio sollevato e ben in vista– non ho intenzione di opporre resistenza.

Bezzi comprese di non aver alcun motivo per non credergli: diversamente, non si sarebbe consegnato inerme nelle loro mani.

– Posso invitarvi ad entrare? Fa un caldo terribile qui fuori a quest'ora e certamente la penombra del mio salotto ci consentirà di conversare con assai maggiore agio.

– A dire il vero non siamo venuti qui per intrattenere una piacevole ed estemporanea conversazione. – lo provocò Bezzi assestandogli un sorriso sferzante. Gli occhi ammiccavano freddi dentro le orbite.

– Be'– ribatté senza scomporsi – immagino non vi dispiaccia ascoltare una confessione completa in merito ai fatti occorsi nell'ultimo ventennio…

– Sarebbe in effetti un risultato quanto mai auspicabile di questa nostra visita a sorpresa. Che tuttavia richiede un luogo appropriato in cui avere corso. Per la precisione un commissariato di Polizia e non certamente il salotto dell'omicida seriale sul quale pare abbiamo finalmente messo le mani.

– L'osservazione è certamente pertinente ed in buona sostanza conclusiva. Quello che a questo punto le chiedo è una piccola eccezione, un favore personale a una persona ormai anziana.

Qualcosa fermò Bezzi dal rispondere in malo modo all'uomo che aveva davanti. Non certo la sua menomazione, dal momento che, pur con un solo braccio, si era dimostrato perfettamente in grado di compiere almeno cinque delitti decisamente raccapriccianti, né l'età anagrafica che aveva cercato di addurre come valido pretesto.

C'era invece uno scintillio di resa e di rinuncia nel suo sguardo che, in qualche misura, gli ricordava il prato incolto che aveva osservato fino a pochi istanti prima.

Una quiete di approdo ne addolciva il volto in un'espressione di fiduciosa attesa.

Il commissario si risolse ad assecondare la sua richiesta, sotto lo sguardo stupito e perplesso dei suoi due collaboratori.

– D'accordo, la seguiamo. Baroni, Robecchi: riponete le armi.

Gli agenti eseguirono riluttanti l'ordine.

Poi, camminando pochi passi dietro l'uomo, entrarono nella villetta.

La penombra si rivelò particolarmente gradevole dopo l'abbaglio della luce esterna. Un luccichio pulviscolare impregnava l'aria della stanza, piuttosto vasta e dotata di un alto soffitto.

La temperatura, nonostante non fosse in funzione alcun impianto di condizionamento, risultò essere fresca ed il livello di umidità più che accettabile.

– Di cosa ancora non è a conoscenza riguardo la mia vicenda, commissario? – domandò Aleardi dopo aver fatto accomodare i tre poliziotti ed aver loro offerto, inutilmente, qualcosa da bere.

– So cosa ha fatto e cosa, fra tre anni, ha intenzione di fare: vale a dire completare la sua macabra opera di perfezione. Ignoro chi sarà, se già ne ha individuato una, la sua vittima e quale statua ha intenzione di riprodurre per porre termine alla sua pazzia. Lo ignoro e non me ne curo perché non avrà modo alcuno di compiere alcunché, se non godersi l'ora d'aria che le sarà concessa dal regime carcerario. E quello che le spetterà, le assicuro, non sarà particolarmente indulgente. Ho compreso perfettamente le modalità e la finalità del suo agire, ma non ne conosco la o le cause, la scintilla che ha incendiato la sua pazzia, dando inizio a questa penosa e pluriennale vicenda.

– Non ha davvero alcuna idea, alcun indizio, come si dice nel vostro gergo?

– Credo che c'entri in qualche modo il professore con il quale avrebbe dovuto laurearsi, il noto luminare rimasto stecchito sul più bello.

– Lei è davvero perspicace, commissario.

– Ha qualcosa a che spartire con la sua morte?

– Avrei voluto, ma non ne ho avuto modo: si è fatto venire un infarto prima che potessi ucciderlo, dopo che lui, nello spirito, aveva ucciso me. Ma dobbiamo procedere con ordine, se siete d'accordo: occorrerà un po' di tempo per narrare la mia storia.

– Ne abbiamo a sufficienza, – ribatté secco Bezzi – ma non abbastanza da poterne sprecare.

Capitolo 30

Avevo dodici anni quando mi innamorai, per la prima volta e per sempre, della bellezza. Di quella che per me è l'unica, vera e superiore bellezza.

Ero con mio padre; un giorno di primavera tiepido e radioso all'inizio di aprile. Ci trovavamo in Grecia, ad Atene, soli io e lui perché mia madre aveva deciso di non seguirci in quel breve viaggio, non si trattava che di alcuni giorni, durante il quale, oltre alla sua capitale, avremmo visitato altri luoghi importanti come Delfi ed Olimpia. Non che ci fosse qualche motivazione particolare che la avesse spinta a rimanere a casa: semplicemente, come ad ogni inizio di primavera, si sentiva particolarmente spossata, come se il rifiorire del mondo la annichilisse e ne consumasse in un attimo le energie accumulate durante i freddi mesi invernali. Diveniva strana, mia madre, fino a quando il caldo non prendeva il sopravvento sulla mitezza della mezza stagione. Rimaneva per lo più chiusa in casa; a volte per intere giornate non usciva dalla stanza da letto se non per disbrigare le sue funzioni fisiologiche. Sembrava fuggire da qualcosa, nutrire una sorta di repulsione per quanto aveva a che fare con il momento del risveglio, o dell'assopimento. Il medesimo stato d'animo, un'identica apatia, maturava in lei infatti in autunno. Insomma, per farla breve ed utilizzando un espressione fin troppo abusata, non era fatta per le mezze stagioni, per le fasi di transizione. Perché amava l'immobilità: quella torrida dell'estate così come quella gelida dell'inverno. Una volta, ero già più grande e cominciavo ad intuire meglio il mondo, le chiesi il perché di quella sua singolare inclinazione.

– Perché odio l'idea di invecchiare. – mi aveva risposto con un sorriso placido, sovrastato da uno sguardo profondo di disperazione.

Non ebbi il coraggio e neppure il cuore di approfondire l'argomento, che lasciai subito cadere passando a parlare di tutt'altro.

Forse, probabilmente, devo proprio a lei, alla sua fobia senza possibilità alcuna di redenzione, la motivazione profonda del mio amore sconfinato per la bellezza delle statue classiche: forme immortali che il tempo non può consumare nel lento macinare dei giorni.

Ma torniamo a mio padre e me e a quella primavera dei miei dodici anni. Ad Atene, chiassosa, caotica, rabberciata e bellissima, con il cuore proteso fra oriente ed occidente, le cui strade del centro percorrevamo passando da un monumento all'altro: l'acropoli, l'agorà, la moderna reggia e, infine, il Museo Archeologico Nazionale.

Fu qui, al cospetto del Cronide di Capo Artemisio che sbocciò il mio amore e che prese forma, come se una mano ferma e sicura di artista lo avesse delineato con pochi ed incontrovertibili tratti, il mio destino.

Ignoravo ancora come, poiché ero troppo giovane per averne un'idea, ma ero perfettamente consapevole che avrei dedicato la mia vita a quella bellezza, che ritrovai poi in tante altre statue che il naufragio degli eventi ha risparmiato e portato fino a noi dal meraviglioso mondo ellenico.

Ricordo ancora lo stupore con il quale mi volsi verso mio padre domandandogli,

– Papà, come potrò non separarmi mai più da tutto quello che abbiamo visto oggi, da questa statua così bella? A scuola stiamo studiando tutt'altro...

– Non ti preoccupare, Severino. Quando sarai abbastanza grande da iscriverti all'università, sempre se vorrai farlo e se questa continuerà ad essere la tua passione, potrai frequentare una facoltà adatta. Non saprei dirti quale sia, perché non me ne intendo molto, ma, quando verrà il momento, ti aiuterò a trovarla.

Così mi rispose, con la sua voce pacata e riflessiva, intrisa del pensare pratico e progressivo che lo ha sempre contraddistinto. Era stato lui, infatti, a pianificare quel viaggio perché aveva stabilito, come se accumulasse le sue convinzioni quasi fossero i mattoni di un edificio, che era venuto il momento per lui e per la sua famiglia (allora eravamo solo in tre, poiché mia sorella non sarebbe nata che diversi anni dopo) di venire in contatto con la culla della nostra civiltà. Ignoro da dove abbia avuto origine quella risoluzione: semplicemente, nella sua testa, era il mattone che in quel momento occorreva porre in opera. Peccato che, nell'organizzare e prenotare il viaggio, non abbia tenuto conto della peculiarità di mia madre: forse anche a lei avrebbe fatto bene contemplare quell'imperitura bellezza. O forse no, forse avrebbe sortito l'effetto contrario sulla consapevolezza della sua transitorietà di mortale. E, allora, mio padre aveva forse scelto apposta l'inizio della primavera, per essere certo di non arrecare male e dolore a sua moglie, che non hai mai smesso di amare.

Come io, da quel giorno, non ho mai smesso di amare quella assoluta bellezza.

Gli anni dunque passarono, fugaci come ombre di spettri, e, man mano che i miei strumenti intellettuali e culturali crescevano ed andavano potenziandosi, approfondivo la conoscenza di quel mondo meraviglioso. Libri, mostre ed altri viaggi si susseguirono lungo la mia adolescenza e la mia prima età matura, durante le quali dedicai ogni minuto libero ed ogni rivolo di energia disponibile a studiare, capire, approfondire quel mondo di inarrivabile bellezza.

Come autodidatta me la cavai piuttosto bene, riuscendo a dare un senso prospettico e storico alle mie letture e muovendomi con buona cognizione di causa nella sterminata bibliografia che, per mia fortuna, il fiorire degli studi sull'argomento mi metteva a disposizione.

Quando ebbi finalmente conseguito il diploma di maturità, classica ovviamente, giunse il momento di compiere il grande salto e di immergermi completamente in quel meraviglioso mare.

L'occasione per prendere il largo mi si offriva in tutto il suo nitore, spalancata al mio desiderio come una distesa luccicante oltre l'abbraccio di un porto. Esisteva, ed esiste tutt'ora, la facoltà di Lettere Classiche, all'interno della quale potersi specializzare nell'arte greca e romana.

Ero già a conoscenza da qualche tempo di questo corso di studi, poiché fin dai primi anni del liceo, come se dovessi prepararmi all'appuntamento più importante della mia vita, mi ero accuratamente documentato su quanto di più utile potesse offrire il mondo accademico alla mia sete appassionata. Tuttavia, non persi neppure per un giorno il senso di trepidante emozione, di attesa gioiosa e palpitante, pensando al momento in cui avrei finalmente varcato come studente in pectore l'ingresso dell'università per iscrivermi alla facoltà che tanto avevo bramato.

Quando ebbi terminato di compilare l'apposito modulo e lo ebbi consegnato alla segreteria, provai un vero e proprio fremito di gioia, come se la firma l'avessi apposta sul registro matrimoniale.

Tornai a casa correndo come un bambino e comunicai ai miei genitori la meravigliosa notizia, accolta con impersonale indifferenza da mia madre. Numerosi anni erano trascorsi da quel viaggio in Grecia e la sua disperazione, generata dall'ineludibilità del tempo, si era mutata in una rassegnazione cupa e sfinita, priva di qualsiasi combattività. Scivolava, giorno dopo giorno, verso una versione sempre più involuta di se stessa, fatta di silenzi sempre più estesi, di sguardi sempre più distanti ed annacquati da una vita dimezzata e sempre più esile, nonostante la sua età fosse ancora ben distante dalla senilità. Neppure la nascita di mia sorella, avvenuta proprio quell'anno e, forse, cercata per creare una svolta nella sua esistenza, avrebbe sortito effetto alcuno sulla sua condanna ad esistere, se non un breve e transitorio risvegliarsi della natura di genitrice, presto travolta da una volontà di inadeguatezza tanto distruttiva quanto confortevole. Mio padre invece accolse la notizia con il consueto affetto garbato e profondo, immaginando davanti ai suoi occhi un altro mattone, squadrato e regolare, collocarsi al posto giusto nell'edificio della mia vita.

Che era, un po', anche la sua, essendo quella della famiglia.

Una costruzione singolare la nostra, con alcuni muri saldi e ben connessi, ma con parte del muro perimetrale tarlato da una patologica evanescenza. Eppure non crollava la nostra casa: assecondando una sorta di muto accordo io e mio padre ne reggevamo le fondamenta, costretti ad attribuire sempre meno importanza ad una delle pietre angolari, nella fiduciosa certezza che, in qualche modo, non sarebbe comunque collassata su se stessa, limitandosi, al più, ad inclinarsi progressivamente su un lato a dispetto delle leggi della probabilità, come una versione domestica, in tutti i sensi, della torre di Pisa, o dei tanti campanili storti che non è difficile individuare seminati un po' dappertutto, se si osserva con la dovuta attenzione il paesaggio urbano.

Ogni tanto ci afferrava le viscere la preoccupazione di quale sarebbe stata la vita della creatura che mia madre portava in grembo (non ne conoscevamo il sesso perché si era rifiutata di farselo rivelare per qualche motivo che ignoro, ma che immagino possa avvicinarsi all'orrore di vedere rinnovarsi il destino di lento ed inesorabile decadimento in una futura donna, se tale, come sarebbe stato, si fosse rivelato il genere di appartenenza del suo secondo parto), ma confidavamo sul fatto che ce la saremmo cavata dignitosamente, a discapito di una genitrice destinata ad una probabile assenza. Avremmo trovato anche per lei i mattoni con cui completare il nostro tempio e la avremmo aiutata a porli in opera nel modo corretto, filare dopo filare.

Ma questo quadro di idillio rimediato apparteneva al futuro, un futuro che, per quanto prossimo (la data del parto era prevista per fine novembre ed eravamo già alla metà di settembre), in quel preciso istante non catturava in alcun modo la mia attenzione.

Quello era il giorno in cui mi ero finalmente iscritto al mio destino di felicità ed appagamento: il proseguimento di un percorso che non avrebbe avuto termine se non con la fine della mia esistenza.

– Complimenti Severino. Sono convinto che tu abbia fatto la scelta giusta, se ti darà la possibilità di dedicarti totalmente a ciò che ti appassiona. Non me ne intendo molto di questo genere di materie, – mio padre era un ingegnere idraulico e non aveva mai espresso particolari inclinazioni umanistiche – ma, anche se non credo ti offriranno molti sbocchi professionali, sembrano davvero interessanti ed avvincenti per chi ha la possibilità di comprenderle.

Detto questo, mi elargì un buffetto delicato sulla spalla.

Con quelle poche parole e con quell'unico gesto aveva espresso tutto: l'approvazione per le ragioni della mia scelta, la priorità assegnata alla mia personale soddisfazione ed alla mia passione, la preoccupazione per il mio futuro professionale, la granitica sicurezza che lo avrei sempre trovato al mio fianco ogni qualvolta ne avessi avuto bisogno.

Su quest'ultimo punto si sbagliava, ma ne eravamo ambedue all'oscuro. Sarebbe occorso qualche anno, quattro per la precisione, affinché questa certezza venisse smentita e dovessi affrontare in completa solitudine la svolta più grande, tragica e gratificante della mia vita. Il ponte, nella mappa peculiare della mia esistenza, che mi avrebbe traghettato verso quello che sono da ormai più di vent'anni.

Furono anni di gioia, soddisfazioni e conferme quelli che accompagnarono il mio percorso di studente che, senza falsa modestia, posso definire "modello". Procedevo spedito nella più che rispettabile trafila di esami in cui si articolava ed andava perfezionandosi la mia formazione. Durante il biennio le voluminose e lievi discipline obbligatorie e poi, a partire dal terzo anno, quelle specialistiche: il meraviglioso corredo di cui andava arricchendosi la mia tenace e sconfinata passione. Scoprivo piano piano, e con un livello di dettaglio e di vastità sempre maggiore, quale mondo pulsava dietro l'arte antica e le sue meravigliose opere scultoree, che, di tutte le manifestazioni attestate e superstiti, furono e sono quelle che più avvincono il mio animo nell'incanto di un'estetica perfetta e compiuta. Conobbi con estrema precisione la società, la religione, la materia umana e le sue forme di pensiero di cui quelle meraviglie costituirono il frutto più prezioso: infinito nel suo valore di verità, eppure racchiuso nello spazio delimitato di un corpo.

Io stesso, pervaso dai quegli elevati valori etici, espressi da un concetto totale di bellezza, mi dedicai, quando non ero impegnato nello studio e nelle letture, alla cura del mio fisico, che modellai scolpendolo con numerose ore di esercizi a corpo libero e sollevando infinite volte manubri e bilancieri.

Giunto alla fine del mio ciclo di esami, mi ritrovai con una media del 30 ed un corpo armonioso, proporzionato e vigoroso, anche se miseramente umano e del tutto imperfetto rispetto a quei modelli inarrivabili.

A ventitré anni conobbi l'ultimo momento di assoluta e massima felicità della prima parte della mia esistenza. Tutto mutò quando iniziai a scrivere la tesi.

Poiché intendevo laurearmi, come ben potrete immaginare, trattando un argomento relativo alla statuaria greca, ebbi la possibilità di avere come relatore uno dei massimi luminari, allora in attività, della materia: il docente che avevo avuto modo di conoscere e stimare, e dal quale ero riuscito a farmi ben apprezzare nel corso degli esami che afferivano alla sua cattedra. E che si mostrò ben felice di avermi come suo laureando, tanto che mi concesse l'invidiabile opportunità di scegliere io stesso l'argomento della tesi, limitandosi ad aiutarmi con suggerimenti sempre opportuni e mai invasivi.

Dal canto mio, io avevo comunque le idee ben chiare: il Pugile delle Terme, l'opera più intensa, drammatica ed innovativa del mio scultore preferito, Lisippo. Un'immagine perfetta di un'umanità sofferente e legata al suo destino, eroica nella sua dimensione quotidiana. Una plasticità sublime messa a servizio dell'umano, non più divinizzato, ma reso infinitamente nobile dalla sua stessa, transitoria, essenza. L'irrompere del presente atemporale nella dimensione dell'eterno.

Il mio futuro relatore pareva essere molto soddisfatto della mia scelta e in qualche modo affascinato dal mio entusiasmo quasi estatico.

Volli credere, così mi sembrò e non avevo motivo di immaginare diversamente, che, nella luce crepuscolare del suo ufficio (prediligeva una luminosità tenue negli ambienti chiusi), avesse scorto in me la scintilla del suo futuro discepolo, di colui che, giunto il tempo propizio, ne avrebbe preso il posto sull'altare accademico dell'arte, mantenendo vivo ed alto lo splendore di quella antica.

Definito il piano di azione ed individuata una bibliografia iniziale di riferimento, mi misi subito all'opera e mi recai a Roma, dove la statua è custodita ed accessibile al pubblico, e trascorsi più di un mese a studiarla, fotografarla, ritrarla centimetro per centimetro, ogni giorno sempre più infatuato di quell'essere di bronzo, prostrato dalla sua stessa vittoria, il corpo segnato dalla durezza dell'incontro appena concluso. Pareva sempre si stesse per voltare verso di me quando, entrando la mattina presto nella stanza dove era esposto, mi avvicinavo cautamente e con reverenza, unico avventore a quell'ora, per non affaticarlo ulteriormente in quel momento di assoluta stanchezza nel quale era stato immortalato.

Le sue orbite, per quanto rimaste vuote, mi fissavano come volessero domandarmi se ci sarebbe stato mai più nella sua vita un altro combattimento, o se, finalmente, avrebbe potuto slacciare una volta per tutte i legacci di cuoio che lo fasciavano fino agli avambracci.

Avrei onorato la sua domanda senza risposta celebrandolo con il più bello degli studi compiuti su di lui.

Maggio correva nella capitale splendida e assolata. Ogni giorno, durante le prime ore della sera, telefonavo al mio relatore per aggiornarlo sui progressi delle mie osservazioni, delle mie intuizioni e delle mie interpretazioni della statua.

Ascoltava con molto piacere, disponibilità e partecipazione i miei lunghi monologhi, incoraggiandomi a procedere speditamente ed elargendomi ogni tanto qualche utile suggerimento.

Lavorando alacremente, mosso da un senso di leggerezza che solo la gioia per quanto si sta compiendo può regalare, terminai la prima parte della mia amata fatica poco dopo la metà di giugno.

Una domenica mattina, con il mio modesto bagaglio ed il mio voluminoso corredo di documenti e disegni, salii sul treno che, sul far della sera, terminò la sua corsa alla stazione centrale di Milano.

Il giorno successivo avevo appuntamento con il mio relatore, l'esimio professore che, in quel periodo, era alle prese con una monografia sulla ritrattistica regale tardo ellenistica, ma che mi avrebbe comunque volentieri dedicato una parte della giornata per fare il punto della situazione e valutare come procedere con il lavoro.

– Mi aspetto da te spunti innovativi ed interessanti, all'altezza del tuo amore per questa splendida materia e per questa inarrivabile statua.

Promisi solennemente che non lo avrei deluso e, riposta la cornetta del telefono nel suo alloggiamento, mi infilai a letto, stanco e felice come un bambino dopo un lungo giorno di festa.

Capitolo 31

Faceva già molto caldo quando salutai i miei genitori e la mia piccola sorella con la promessa che sarei tornato per pranzo, o comunque non più tardi del primo pomeriggio.

L'aria infuocata di quel primo giorno d'estate mi costrinse a vestirmi in modo a dir poco informale, limitandomi ad un paio di jeans scuri e ad una polo piuttosto aderente, che indossai mantenendone completamente sbottonato il colletto, dal quale era possibile intravvedere la curva decisa e netta dei pettorali, sui quali non vi era posata neppure la minima peluria.

L'orlatura delle maniche mettevano in risalto i bicipiti e, in generale, l'attillatura del capo evidenziava la mia muscolatura, accurata, soda e proporzionata, grazie all'assidua frequentazione di palestre ed aree sportive che non mi ero mai fatto mancare neppure a Roma.

Un lieve velo di sudore lucidava la superficie del collo, mettendo in rilievo il pulsare ritmico delle vene.

Per quanto mi sentissi spossato dalla vampa, mi avviai di buon passo giù per le scale del condominio, i fogli contenenti i disegni accuratamente avvolti in un lungo tubo che sobbalzava su una spalla, il resto della documentazione raccolto in una borsa di tela marrone che portavo a tracolla sull'altra spalla. Per evitare di arrivare a destinazione completamente fradicio e del tutto impresentabile, presi in prestito l'auto di mio padre, un modello piuttosto lussuoso equipaggiato, già allora, con un buon impianto di aria condizionata.

Impiegai una quarantina di minuti a raggiungere l'abitazione del mio relatore, che risiedeva in una bella villa dotata di un ampio e fresco giardino in un angolo della periferia sud di Milano.

Quando smontai dalla vettura mi sentivo nuovamente fresco e rinvigorito, come un mazzo di fiori ai quali sia appena stata cambiata l'acqua.

Avevo parcheggiato all'interno del giardino, nell'area appositamente riservata dove, sotto un pergolato ampio ed ombroso, riposava anche la sua auto.

L'aria si era fatta ancora più torrida, alimentata da un vento sottile e secco che pareva volesse disidratare qualsiasi forma vivente presente nei dintorni.

Mi affrettai a scaricare le mie scartoffie dal sedile posteriore e mi diressi verso l'ingresso retrostante dell'abitazione, dalla cui porta il professore mi stava salutando con un brio ammiccante ed affettuoso, che mi parve quasi intimo nell'allegro oscillare della mano e nel sorriso un po' timido che ne accompagnava lo sguardo, mobile ed animato da una lieve inquietudine che lo portava a posarsi lesto tanto sui miei occhi e sul mio volto, quanto su tutta la superficie del corpo.

Per un attimo mi ricordò il mio, di sguardo, quando ammiravo il mio pugile o qualche altra immane bellezza sua pari.

– Accomodati Severino. – mi apostrofò affettuosamente, indicando la penombra fitta, nella quale il ritaglio luminoso gettato dalla porta di ingresso si stagliava come una stella solitaria nel cielo notturno e deserto.

Ancora accecato dall'abbaglio della luce esterna, procedevo con un goffo tentennare, temendo di inciampare o rovinare contro qualche mobile nascosto alla mia vista.

Fu il professore stesso a venirmi in soccorso, prendendomi sotto braccio e conducendomi con passo lento e sicuro nell'intimità della casa.

La pelle del suo braccio aderiva alla mia, suscitando una sensazione di calore umido ed un solletichio indistinto sulla lieve peluria che lo ricopriva.

Ci accomodammo nello studio. Era la prima volta che mi veniva concesso l'onore, che mi piaceva immaginare riservato a pochi, pochissimi altri studenti, di avere accesso al suo sancta sanctorum, al laboratorio dell'intelligenza nel quale erano state distillate tante parole ed idee illuminanti sull'arte antica. Tutto, o quasi, era come lo avevo immaginato: un grande tavolo rettangolare di legno scuro, massiccio e solido, occupava il centro dell'ambiente (una stanza ariosa e luminosa, affacciata ad est). Sui lati lunghi, al centro di ognuno, una sedia dallo schienale alto e perfettamente diritto, l'imbottitura, rivestita di cuoio nero, assicurata al telaio da una fila di borchie brunite dal tempo, eppure ancora perfettamente lucide, immacolate in un certo senso. Sembravano i guardiani di quello spazio razionale e raccolto, gli scranni destinati ad incontri privilegiati fra il più grande dei Mentore ed il più fortunato fra i Telemaco.

La superficie del tavolo, su una delle metà, era ingombra di carte, documenti visivi (fotografie, disegni, piantine) e di un grande blocco di appunti, scritto già per buon tratto con una grafia precisa, netta ed elegante. Nelle due pagine in quel momento aperte davanti a me non scorsi neppure una cancellatura né una parola sovrascritta nel fitto succedersi ordinato delle righe, come se il pensiero fluisse già compiuto ed indenne da imperfezioni, anche minime, dalle sue facoltà mentali alla mano che ne dava forma e sostanza. L'altra metà era invece perfettamente sgombra; neppure un filo di polvere velava il legno lucido e le sue rade venature. Quella porzione, evidentemente, era stata allestita appositamente per me, come a creare una comunione fra pari, la possibilità di un'identificazione fra il maestro ed il suo discepolo.

Dovevo essere un ospite desiderato, nel quale erano state riposte speranze inattendibili dalla pletora degli altri laureandi che si erano succeduti negli anni della sua lunga carriera.

È difficile spiegare a parole la potenza ammaliatrice prodotta da quella lusinga, che ebbe una conferma esplicita nelle parole con le quali mi invitò ad accomodarmi al posto che mi era stato riservato.

– Prego, – mi esortò indicando l'imponente seggiola – quello è il tuo lato. L'ho sgomberato e ripulito apposta per te, cosicché i tuoi disegni e tutto il tuo materiale non rischino di macchiarsi e rovinarsi. Sarebbe davvero un peccato. Anzi, se pensi ti occorra più spazio non esitare a dirmelo: le mie scartoffie posso pure accomodarsi per terra per tutto il tempo di cui avrai bisogno.

Quasi commosso, risposi che di spazio ne avevo più che a sufficienza e, sentendomi un po' come se fossi a casa mia o in quella di un amico di famiglia, presi posto.

Senza attendere che glielo domandassi, quasi avesse premurosamente letto nei miei pensieri, il professore riempì un bicchiere di acqua gelata, servendosi da una caraffa che era stata riposta su un piccolo tavolino rotondo posto di fronte ad un divano di pelle che, assieme ad una libreria straripante di volumi e ad una grande vetrina contenente alcuni pezzi di antiquariato ed una pila imponente di documenti di vario genere, completava l'arredamento spartano e funzionale dello studio, mettendone in risalto l'eleganza essenziale ed asciutta.

Ne bevve un piccolo sorso anche lui e poi mi invitò a cominciare

– Bene: sono pronto ad ascoltare tutto quello che hai da raccontarmi – disse prendendo posto a sua volta – e sono certo che sarà molto interessante, visto quanto mi hai già anticipato nelle tue frequenti telefonate.

In effetti risultò proprio essere così.

Trascorremmo la prima ora a revisionare con cura i miei appunti ed il vario materiale di immagini che avevo creato o fotografato.

Le mie osservazioni fioccavano rigogliose e sempre pertinenti, indirizzandosi verso una visione ed un'interpretazione dell'opera che si prospettava innovativa e profonda allo stesso tempo.

Il professore ascoltava in preda ad un genuino fascino, senza perdere neppure una parola, per quanto il suo sguardo sembrava indugiare più su di me che sull'imponente mole delle mie fatiche di giovane e talentuoso studioso. Man mano che mi infervoravo nei miei ragionamenti e nelle mie visioni, la sete di quell'uomo già piuttosto anziano sembrava diventare più impellente ed arida, dal momento che sempre più di frequente si serviva dalla caraffa velata di condensa, sorseggiando con avidità l'acqua ancora fredda. Perle di sudore gli rigavano la fronte a causa della reazione termica: l'aria della stanza si era infatti fatta calda, appesantita da un'umidità intrisa di traspirazione acidula e sgradevole, nonostante l'abbondante quantità di colonia di cui doveva aver fatto uso e che ancora in qualche misura persisteva come un ciuffo d'erba abbarbicato ad una roccia sferzata dal vento.

Le mie narici erano sempre più pervase da entrambi da quando, trascinandola rumorosamente sul pavimento di legno luccicante, aveva accostato la sua sedia alla mia, venendosi a sedere alla mia destra, il suo volto a poca distanza dal mio.

– I miei occhi sono un po' affaticati, – si giustificò senza che io avessi manifestato alcuna perplessità – perché questa notte ho dormito piuttosto male a causa del caldo.

In effetti la notte trascorsa era stata insopportabilmente afosa.

– Se non mi avvicino un po' va a finire che non riesco ad esaminare la documentazione. – concluse lasciandosi cadere sulla severa imbottitura.

Nonostante non avesse percorso che pochi passi, il suo respiro era affannato, quasi rotto da un ansimare singhiozzante, come se il movimento dei suoi polmoni inciampasse in continuazione in qualche ostacolo invisibile. Dalla bocca, dischiusa a formare una "o" immobile, promanava un soffio pesante di vecchiezza ed adrenalina, che scompigliava la minuta peluria del mio orecchio come il rimestare pigro delle onde sul tappeto di alghe.

Senza minimamente scompormi, tanto ero assorto e concentrato nell'esposizione del mio lavoro, ripresi le fila del discorso, che ormai si avvicinava alla conclusione ed al fatidico momento in cui avrei richiesto al mio venerato maestro un parere definitivo su quanto illustrato.

Fu proprio a causa dell'intensa concentrazione, credo, che non mi accorsi di quanto stava del tutto inaspettatamente accadendo, se non quando "l'evento" era già ampiamente avviato, per così dire.

Le sue labbra sgocciolanti erano lì, vicinissime all'angolo destro delle mie, mentre il braccio sudaticcio scorreva lungo lo schienale della sedia, per arrestarsi sulla mia spalla sinistra, sulla quale si pose la sua mano avvizzita: una inquieta superficie bianchiccia ricoperta da un reticolo di vene bluastre.

Fu un attimo e mi ritrovai la sua bocca sopra la mia. Combaciavano perfettamente, come fossero destinate a quel bacio inopportuno e molesto.

Ma, ovviamente, non lo erano. Non per parte mia almeno.

Tuttavia, del tutto interdetto dall'imprevedibilità dell'evento, non riuscii a reagire con prontezza. Lo feci infatti nel momento in cui la sua lingua iniziò a bussare insistentemente alla porta dei miei denti, come ad esigere il diritto incondizionato di transito. Privilegio che non avevo certo intenzione di concedergli in alcun modo e per nessuna ragione.

Purtroppo la mia resistenza, passiva ma irremovibile, non stava ottenendo risultato alcuno sul mio Mentore, che anzi insisteva nei suoi viscidi assalti al palato, cercando al contempo di attirarmi maggiormente a sé con la mano che ora si trovava dietro il collo.

Mi creda, commissario, non sapevo proprio cosa fare e come comportarmi.

Una sorta di reverenza assoluta e preesistente a qualsiasi altro sentimento nei suoi confronti mi impediva di ribellarmi apertamente, quando la soluzione più semplice sarebbe stata quella di far prevalere la notevolmente maggiore forza fisica, magari spintonandolo lontano da me quanto sarebbe bastato a mettere le cose in chiaro.

Allo stesso tempo, una repulsione ed una mortificante sensazione di abuso mi impedivano di cedere anche di un solo millimetro.

Dopo alcuni istanti di inutili avance, la lingua sempre più pressante, la mano sempre più contratta nel tentativo di risucchiarmi a sé, si concesse un momento di pausa, durante il quale, senza discostarsi dal mio volto se non lo stretto necessario, iniziò a parlarmi, lasciando che il suo fiato caldo mi invadesse narici.

Faceva uso di parole dolci e suadenti, come quelle che si scambiano le coppie al primo appuntamento: un miscuglio palpitante e poco coerente di dichiarazioni, suppliche, richieste, esternazione di speranze.

Io non pronunciavo neppure una sillaba: tenevo gli occhi chiusi con forza, le braccia conserte ed il busto eretto. Percepivo le pinne del naso oscillare lentamente al ritmo del respiro come per ammansire il cuore che invece batteva all'impazzata.

Ero contento di avere il buio dentro lo sguardo: mi sembrava avrei potuto trovarci un frammento della serenità di cui in quel momento sentivo estremo bisogno.

Ma fui, mio malgrado, costretto a riaprire gli occhi per intendere con esattezza la domanda che mi era appena stata posta e ripetuta con una voce pacata e minacciosa.

– Tu intendi ancora laurearti, vero?

– Certamente. Perché me lo chiede? – domandai a mia volta, dimostrando l'elevato livello di ottusità ed interdizione in cui la situazione mi aveva relegato.

La sua risposta, accompagnata da un sorrisetto derisorio in cui ogni traccia di ammirazione per il sottoscritto risultava completamente scomparsa, fu lapidaria.

– Bene, allora sai cosa devi fare.

Mi fissava con uno sguardo piatto, i bulbi oculari ricoperti di filamenti rossi e sottili.

Rimaneva immobile, in attesa che esaudissi una buona volta la sua volontà, senza doversi nuovamente profondere in sforzi di alcun tipo.

Lui rimaneva pur sempre il professore ed io l'allievo.

E a me non restava che rassegnarmi: non avrei sacrificato l'amore per l'arte a nulla e per nessun motivo. E poi avevo dato troppo al mio lavoro, passione, impegno, fatica e determinazione, per lasciarlo incompiuto. Con la mia tesi mi sarei finalmente presentato al mondo, reso visibile in tutto il valore che ero convinto di possedere.

Provai una fitta di delusione ed un senso di squallore acuminato come il bisturi con cui ho inciso le carni delle mie statue umane, quando dischiusi una buona volta le labbra, serrando nuovamente gli occhi nel buio rossastro che si espandeva dalle palpebre.

Cercando, per quanto possibile, di non prestare attenzione al mio avvilente stato d'animo, attesi immobile di essere violato.

La sua lingua bavosa ed avvizzita non tardò a scivolare sopra la mia, cercando di metterla in movimento quasi fosse un organo meccanico.

Intuendo che non mi sarebbe stata concessa un'altra possibilità, ne assecondai le evoluzioni all'interno della bocca, in una poco credibile imitazione di un bacio appassionato.

L'iniziativa dovette risultare di suo elevato gradimento, poiché, dopo aver indugiato alcuni istanti sulla mia coscia, la sua mano si spostò lentamente verso l'inguine, nella speranza di imbattersi in una riconoscente erezione. Trovò invece il mio pene completamente moscio: con quell'organo mi era impossibile fingere alcunché.

La cosa non dovette scoraggiare più di tanto la sua mente tattica ed acuta, che si risolse prontamente a mettere in pratica l'alternativa opposta: mi afferrò, un po' tremante, la mano, guidandola sul cavallo dei suoi pantaloni, che risultò invece essere turgido e gonfio.

Poiché non sembravo possedere sufficiente spirito di iniziativa, mi facilitò l'operazione attesa, abbassando lui stesso la cerniera.

Da uomo dotato di senso pratico, oltre che di sopraffine qualità intellettuali, doveva aver inteso che, non potendo sperare in un rapporto completo (che doveva costituire l'obiettivo pianificato inizialmente) si sarebbe dovuto accontentare di essere masturbato. Di penetrarmi, probabilmente, sapeva di non averne la forza.

Constatando che mi sarebbe potuta anche andare peggio, feci scivolare la mano sotto la fessura dei suoi slip e gli afferrai il membro caldo e pulsante.

Dovetti cavarmela piuttosto bene perché, trascorsi alcuni minuti di paziente moto alternato, intanto che il luminare continuava a scorrazzare nella mia bocca quasi volesse esplorarne ogni recesso, il suo respiro ebbe un'accelerazione improvvisa, un rantolo secco e spezzato, che coincise con il momento in cui un esiguo fiotto di liquido seminale prese a colarmi sul dorso della mano.

Quel coito stentato fu l'ultimo atto terreno di quello che ormai potevo pure definire il mio relatore mancato: la sua vita si spense infatti in quel momento, con i pantaloni mezzi slacciati e la bocca sopra quella del suo laureando.

Il cuore non aveva retto allo sforzo, stroncato dall'appetito sessuale del suo padrone, di cui il mondo degli studiosi di arte antica avrebbe sentito l'immane mancanza.

Certo del tutto diversa dalla mancanza che provavo io, nella quale il senso di assenza aveva come oggetto la vita che avevo vissuto fino a quel momento e quella futura che non potevo più immaginarmi.

La bellezza sembrava essere definitivamente scomparsa, impiastricciata nello sperma di quel cadavere come un insetto nella tela del ragno.

Provai un senso di vuoto, di pena per me stesso e di odio verso quella carne avvizzita ed inerte.

Mi scrollai di dosso quel fantoccio privo di vita e, mettendo a frutto un senso pratico che non credevo di possedere, gli ripulii la zona pubica e gli richiusi i pantaloni.

Avevo bisogno di uscire di lì, ma non volevo lasciare traccia della mia presenza, pur non avendo commesso alcunché di male. Raccolsi le mie cose, tutte le carte ed i documenti frutto del mio lavoro alacre ed appassionato e le riposi nei loro contenitori.

Dopo circa una decina di minuti avevo terminato e stavo per andarmene, quando mi venne in mente che forse sarebbe stato meglio trasportare il cadavere all'esterno, sotto il sole cocente, dove una morte accidentale avrebbe avuto maggiori probabilità di avvenire.

Un pensiero ingenuo, ammetto: ma allora ero completamente a digiuno di qualsiasi nozione di medicina, campo in cui successivamente avrei acquisito un'ottima competenza.

Mi caricai il corpo sulle spalle e, ansimando per lo sforzo e per il caldo, riuscii infine a raggiungere il giardino, dove lo deposi con accortezza su una delle sedie sdraio disposte sopra il prato.

Mi accorsi solo in quel momento che aveva gli occhi sbarrati e fissi, come se avesse appena visto la morte venirgli incontro.

Dopo aver verificato di non aver dimenticato nessun effetto personale all'interno della villa, risalii in macchina ed accesi il motore.

Poco dopo ero già sulla via di casa, ma le conseguenze di quanto era accaduto quel giorno non erano certo destinate ad esaurirsi lungo la strada del ritorno.

Capitolo 32

Non potevo accettare di aver fatto ciò che avevo fatto. Avevo tradito ciò in cui credevo di più. L'unica cosa a cui affidavo il senso della mia esistenza. Piegandomi a masturbare quel vecchio che avrebbe dovuto essere il mio maestro, e che probabilmente lo era stato secondo la sua personale concezione del ruolo, avevo rinnegato la bellezza. Ne avevo contaminato la purezza sporcandola con le squallide esigenze della vita reale, dei suoi compromessi, delle sue umiliazioni, delle sue finalità mediocri.

Non biasimavo il mio relatore, che ormai sarà ridotto ad un pugno di polvere: aveva, in un certo senso, tutto il diritto di assecondare e cedere ai suoi istinti. Ne aveva il potere oltretutto, un potere che doveva considerare quasi assoluto e che riteneva di poter liberamente esercitare. In fondo era un professore noto, stimato e venerato dai suoi studenti. Una entità superiore, al di sopra di qualsiasi consuetudine e libera quindi di seguire gli impulsi del suo corpo, oltre che gli slanci della sua intelligenza.

Era con me, solo con me, che ero incollerito oltre ogni misura. Per aver ceduto, senza opporre alcuna resistenza, alla logica del profitto, del mio tornaconto. Alla necessità fittizia del compromesso.

Quel mondo meraviglioso era stato immerso nel fango, ficcato a forza sotto la superficie melmosa, invece che ricevere una strenua e gratuita difesa da quello che avrebbe dovuto essere, che credeva di essere, il suo paladino.

Non mi occorse molto tempo per stabilire come rimediare all'abominio che avevo commesso. Ancora una volta fu nelle mie adorate statue che trovai la risposta. Avrei condiviso il destino di quelle che gli eventi fortuiti, la stupidità e l'incuria umana o, più semplicemente, l'azione del tempo, hanno privato della loro integrità, mutilandone gli arti. Così avrei fatto su me stesso, rimuovendo non solo la mano ma anche il braccio che mi aveva degradato a quella infima condizione. Sarei diventato come loro, ripagando così la mia colpa. Non fu semplice amputarmi da solo, né da un punto di vista strettamente pratico, né emotivo. Mi occorsero un coraggio ed una determinazione che sospettavo di non possedere.

Fortunatamente mi sbagliavo.

Non starò a tediarvi con i particolari raccapriccianti che occorrerebbero per raccontarvi come feci a staccare il braccio dal corpo nel modo più netto e veloce possibile, così da evitare di perdere i sensi e morire dissanguato.

Lo feci e basta e fui fortunato, perché tutto andò nel modo giusto e secondo le mie previsioni.

Dell'arto mozzato mi liberai dandogli fuoco ed osservandolo consumarsi fino a quando non rimasero che ossa annerite, che calpestai fino a ridurle in polvere.

Ovviamente avevo abbandonato la facoltà di Lettere e vivevo in una specie di limbo, in una condizione sospesa, scandita dallo scorrere dei giorni.

Lasciai la casa dei miei genitori e la mia piccola sorella e mi ritirai a vivere da solo.

Mia madre quasi non se ne accorse; con mio padre scambiai uno sguardo in cui raccolsi il suo messaggio di composta disperazione, sia per quanto mi era accaduto (avevo ovviamente inventato un incidente per giustificare la scomparsa del braccio sinistro) sia perché lo avrei lasciato da solo sotto il peso di sua moglie e con il gravoso impegno di una figlia da crescere.

Il senso di dispiacere che provai non fu sufficiente a farmi cambiare idea. Avevo necessità di isolarmi dentro il cerchio di me stesso fino a quando non avessi trovato qualche risposta per il mio futuro.

Aver scontato la colpa mi aveva lasciato completamente vuoto. Una sensazione di mancanza di peso inizialmente gradevole ma poi sempre più vaga ed indefinita. Fluttuante: come se le mancasse qualcosa a cui unirsi per avere compimento e significato.

Il tempo trascorreva ed io continuavo a non trovare soluzioni o risposte che mi consentissero di progredire dal mio stato.

Mi mantenevo senza problemi con lavori saltuari, continuavo a coltivare la mia passione per l'arte antica e la cura per il mio corpo, per quanto menomato.

Proseguivo lungo una linea retta senza inizio e senza fine.

Un percorso piano, agevole e sicuro in cui non mi sarei mai potuto perdere, ma in cui non riuscivo a intravvedere alcuna direzione.

Poi, d'un tratto, trovai quello che stavo cercando.

Trovai la soluzione, la risposta e compresi così quale era la mia domanda, la mia esigenza.

Sapete già come andò, quindi mi limiterò ai particolari essenziali.

Il giorno in cui mi iscrissi alla facoltà di Medicina provai una gioia ancora più intensa di quella che mi aveva pervaso nel momento in cui avevo apposto la mia firma sul modulo della facoltà di lettere.

Mi resi conto infatti che il mio amore per tutta quella bellezza di marmo e di bronzo, che la mano di artisti inarrivabili aveva saputo plasmare nell'epoca più felice dell'umanità, aveva avuto inizio quel giorno e che tutto quanto lo aveva preceduto non costituiva che una fase preparatoria, nella quale gioia, dolore, esaltazione e sconforto si erano alternati in vista del momento in cui sarebbero stati risolti in una forma di consapevolezza più elevata e completa.

Avrei restituito alle statue mutilate la loro integrità, scolpendole nuovamente; ma nella carne, nelle ossa, nella materia umana, che avrei reso eterna come la roccia ed il metallo.

E così, in un giorno di giugno del 1994 ebbe inizio la mia opera: lenta, costante lungo il corso degli anni, paziente nei lunghi cicli di intervallo fra un capolavoro e l'altro. Mentre l'universo della gente comune ritiene che abbia seminato morte e orrore, io dispensavo vita alla bellezza. La cessazione delle funzioni vitali dei miei futuri capolavori non ha costituito che una trascurabile condizione di passaggio verso la verità di quanto erano destinati a manifestare al mondo. Lo affermo senza alcuna ironia o sarcasmo: se quelle tre ragazze e quei due ragazzi non fossero necessariamente morti prima, mi avrebbero senza dubbio ringraziato per quanto ho fatto per loro.

Poco importa che, una volta ritrovati nei luoghi da me scelti per esporli all'ammirazione degli uomini, siano stati composti e seppelliti come comuni mortali. Per qualche ora, dopo averli preparati a lungo e con amore, sono diventati perfezione.

Hanno restituito ai loro modelli del passato l'integrità che a questi è stata sottratta.

Attraverso loro, la bellezza è stata restaurata al suo splendore originario ed intatto.

Contemplarli, finalmente, sul piedistallo che avevo eretto per loro mi ha restituito ogni volta la pienezza che quel giorno lontano, ma mai remoto, aveva prosciugato e quasi inaridito.

Ad ogni statua la Sezione Aurea compiva un passo verso la sua realizzazione. I numeri 1, 2, 3 e 10 si combinavano secondo la loro intima natura e significato, in un cammino di cristallina purezza.

E, passo dopo passo, siamo giunti al presente e a questo giorno che ci vede riuniti nella mia casa affinché possiate ascoltare il mio racconto che ormai volge al termine.

Il suo arrivo giunge inatteso e sperato, commissario. Come una divinità nella drammaturgia antica, la sua comparsa risolve il dramma prima che volga in tragedia. Meno importa, a questo punto, che la vicenda rimanga incompiuta.

Se lei non fosse arrivato a fermarmi, avrei dovuto necessariamente realizzare l'opera finale e annullare nella perfezione la vita che mi è più cara.

Il mio unico nipote era destinato a dare forma all'ultima statua, quella con la quale anche il periodo Ellenistico sarebbe stato completato.

L'apice delle mie fatiche ed il coronamento della mia dedizione avrebbero richiesto un sacrificio il cui peso non avrei saputo tollerare, ma che avrei dovuto comunque compiere.

Proprio lui, fra tutti i giovani ragazzi pieni di bellezza, possiede infatti in sommo grado la grazia e la somiglianza somma con l'Eros di Centocelle. Quel vigore ancora vagamente femmineo, intagliato in un torso regolare e sottile, dove la muscolatura si profonde in giochi di accenni, di sporgenze nette e lievi lungo lo slancio che convoglia sul collo, su cui poggia quel volto malinconico di adolescenza ormai consumata e prossima all'età adulta, quello sguardo volto in basso alla miseria dei mortali e, al contempo, verso lo specchio della propria tremolante autocoscienza, orizzonte di grazia, intricata come la sua chioma di seta inquieta.

Guardavo e riguardavo fino ad estenuarmi le numerose immagini che mi sono procurato di questo capolavoro e ogni volta vi scorgevo mio nipote, il suo corpo, il suo volto, il suo sguardo, quello che profonde nell'aria quando non crede di essere osservato. Quel distare del divino immerso nel suo inattingibile universo.

Era lui, solo lui, senza alternativa, che avrei dovuto immolare sull'altare dell'arte, per restituire a quel capolavoro il suo intatto splendore.

So che, per quanto avessi potuto cercare, affannarmi a scovare qualche altro esemplare umano all'altezza, non avrei mai potuto trovare altra soluzione che la persona che amo di più al mondo.

Devoto fino in fondo al sommo valore del bello, mio malgrado lo avrei infine condotto nel mondo eterno nell'estate del 2017.

Fino a quando non vi ho scorti nel mio giardino, ho continuato a sperare che la morte mi allontanasse da questo mondo prima di quella terribile scadenza che non avrei potuto non rispettare.

Una malattia, un incidente: qualsiasi cosa potesse sottrarmi al mio compito. Non il suicidio, perché il destino non può essere aggirato.

Ed il destino è stato infine clemente, inviando direttamente a casa mia la soluzione al mio lacerante dilemma. Questo è tutto, commissario. Sono pronto a seguirla ovunque sarà la mia destinazione.

Il trio delle forze dell'ordine, arricchito dal nuovo ospite, si stava avviando verso il bar dove il professor Feraboldi, pagato in fretta il conto, si trovava già oltre l'uscio che lo aveva salutato con il suo giocoso scampanellio, quasi a porgergli l'invito ad una nuova visita.

Il caldo si era fatto ancora più intenso e sfiancante, sotto un sole che non accennava a scivolare lungo il cielo, inchiodato nell'azzurro incolore del pomeriggio maturo.

Procedevano a passo lento, cadenzato dalla stanchezza che pareva permeare tutti e quattro: Bezzi, Baroni e Robecchi, posti a triangolo attorno al vecchio Severino Aleardi il quale, di tutta la poco allegra brigata, sembrava essere l'elemento più sereno e meno avvilito.

Per quanto si trovassero piuttosto vicini, Feraboldi non riusciva ad udirne il rumore dei passi, che evidentemente dovevano sprofondare nell'asfalto sfatto e cedevole.

Un pigolio sommesso pareva promettere l'arrivo della sera. Il professore tentò di capire invano da dove provenisse. Quando finalmente il piccolo gruppo lo ebbe raggiunto, il cellulare di Bezzi trillò annunciando l'arrivo di un messaggio.

Estratto il telefono dalla tasca dei pantaloni, il commissario ne lesse il contenuto: doveva trattarsi di un testo assai breve perché dopo pochi istanti sollevò gli occhi in direzione dell'amico che gli rispose con uno sguardo interrogativo.

– Tiziano, per cortesia, – gli domandò con un tono sommesso ed un po' ironico – puoi verificare se nel taschino della tua camicia c'è un piccolo foglio ripiegato?

Fu sufficiente al professore un rapido movimento per percepire sotto la mano la consistenza inequivocabile della carta.

Con altrettanta lestezza estrasse il piccolo rettangolo bianco dalla tasca e lo porse a Bezzi.

Evidentemente doveva essere lui il destinatario di quanto vi era stato scritto.

Capitolo 33

Dal ciuffo di palme verdi e fresche Bezzi osservava assorto l'orizzonte, ripartito in due metà di quasi identiche dimensioni di azzurro. Perfettamente levigata ed uniforme quella del cielo, mossa da increspature luminose sempre più dense quella del mare.

Non un accenno di nuvola perturbava il sereno immoto e vasto. Irraggiungibile nell'illusione di essere a portata di mano.

Dal vasto vuoto soffiava verso riva un sussurro di vento: una brezza sottile che portava alle narici l'odore del salmastro, il profumo dell'ignoto oltre la linea di resa dello sguardo.

L'ora del primo meriggio, impastata dal torpore di un pranzo consumato sotto un caldo eccessivo, regalava all'udito il suono persistente del silenzio, reso ancora più intenso dallo sciabordio pigro delle onde, infiniti sobbalzi moribondi sull'approdo della riva.

Irene dormiva un sonno leggero sotto l'ombra fitta del fogliame, screziata da macchie di luce placide come la bonaccia.

Non se ne udiva il respiro, palesato dal moto lieve e costante del petto, indefinito come le ore ingannevoli che separavano quell'istante dal tramonto.

Un tempo nascosto consumava insensibilmente la giornata sfogliandola strato a strato.

Vinto dall'abbaglio, il commissario abbassò lo sguardo sulla sabbia farinosa e fresca, sulla quale i piedi stampavano un'impronta nitida e stabile, se non per qualche granello erratico mosso dalla pendenza.

Poggiando con cautela i passi si avvicinò alla giovane donna, la quale tuttavia si ridestò, forse allertata dal lieve tremolio che questi avevano prodotto.

Due cerchi celesti si accesero nella penombra.

– Sei assorto per qualche motivo in particolare?

– Rifletto.

– Su cosa?

– Su come ti sia venuto in mente di utilizzare Tiziano come postino.

– Te l'ho già detto: mi era venuta la curiosità di conoscerlo. Quella del bigliettino fatto scivolare nella tasca è stata un'aggiunta estemporanea. Un vezzo, se preferisci, a cui non ho saputo resistere.

– Perfettamente in linea col tuo personaggio.

– Infatti. – confermò ammiccando.

– Devo ammettere che il contenuto del messaggio, le congratulazioni per aver risolto il caso e l'invito a raggiungerti in questo ritaglio incantato, mi ha fatto non poco piacere...

– Ma?

– Ma non posso restare. Non a lungo. Non oltre il limite delle mie ferie comunque.

– L'invito aveva un altro scopo, non quello di fornire un luogo alle tue vacanze estive. Anche se non te ne ho mai parlato in modo diretto.

– Lo so, anche se non me lo hai mai detto.

– Non è una tentazione che hai anche tu, quella di rivedere la tua vita?

– Il desiderio che ho io è quello di non separarmi da te.

– Lo puoi realizzare se rimani qui. Con me. In questo angolo di eterno. Perché te lo ho già detto e te lo ripeto: io non tornerò più alla mia esistenza precedente, ora che ho davanti agli occhi questo azzurro sterminato. Il colore della pace, dove compiere il mio nome. Lontana e nascosta dal mondo.

– Io non posso rimanere nascosto, Irene. La vita che ho reclama il ritorno.

– Un ritorno che è anche una separazione, se lo vedi dall'altro capo del mare. Per avvicinarti devi allontanarti.

– Non sarà per sempre. Posso tornare, quando le circostanze me lo permetteranno.

– Io non sono stabile come la tua esistenza. Possiamo rimanere uniti, ma dobbiamo cominciare da questo preciso istante. Non c'è posto per l'attesa in nessun angolo dei miei pensieri. Se mi volgi le spalle sarò costretta a sparire come un sogno.

– Quello da cui non vorrei svegliarmi. Se avessi scelta.

– Quando hai intenzione di partire? – gli domandò abbassando lo sguardo.

L'ombra si era fatta più fitta attorno al suo volto: gli occhi erano socchiusi.

– Più tardi che potrò, ma comunque non fra molto. Le vacanze estive di Marta stanno per terminare.

Anche lo sguardo di Bezzi era rivolto altrove: scrutava l'orizzonte marino cercando fra le onde.

Sommario